머 리 말

증권시장은 약속의 땅이다. 작은 돈으로 큰 부를 일굴 수도 있다는 희망 아래서 사람들은 너나 할 것 없이 증권시장에 참여한다. 그러나 개미투자자들은 성공하기보다는 실패하기 쉽다. 수많은 사람들의 경험이 그것을 명확히 입증해준다. 실패의 고도개연성에 대한 인식이 퍼질수록 개인들은 증권시장에 참여하기 꺼려할 것이다. 그러면 증권시장은 결국 붕괴될 것이고, 기업은 자본을 조달하기 어렵게 되며, 그에 따라 경제성장도 이룩하기 어렵다. 그렇기 때문에 증권시장에 대한 일반투자자들의 참여는 각자에게 작은 돈으로 큰 부를 일굴 수 있는 기회를 제공하는 것일 뿐만 아니라 경제체제의 유지와 성장에도 없어서는 안된다. 하지만 일반투자자들은 실패하기 쉽다. 정보력이 약하고, 주가를 변동시키는 다양한 측면의 사회적 힘을 갖고 있지도 않기 때문이다. 여기에 증권형법의 자리가 마련된다. 증권시장은 가장 자유로운 시장임에도 불구하고 최소한의 도덕으로서 공정성을 확보해야만 하며, 그런 공정성 확보의 첨병이자 최후보루는 바로 형법인 것이다.

이 책은 지금까지 내가 펴낸 단행본들 가운데 경영법 분야(예: 기업윤리와 법, 부실감사법, 공익소송론, 조세형법론, 윤리경영과 형법, 공정거래형법)에 속하면서, 동시에 형법 분야(예: 형법강의, 형사소송법, 형법의 근대성과 대화이론, 헌법과 형법정책, 의료형법, 치료중단과 형사책임 등)에 속하는 책이다. 이 책은 증권형법의 모든 분야를 다루지는 않는다. 가장 중요한 주가조작죄, 내부자거래죄, 주식공모사기 그리고 차입에 의한 M&A의 범죄를 다룬다.

끝으로 이 책의 형성에 직·간접으로 기여한 제자들, 이정민 교수(단국대), 독일 유학 중인 임철희 군, 그리고 미국유학 중인 지유미 박사에게 고마움을 전하고 싶다. 교정과 색인 등 많은 수고를 해준 고려대 대학원 박사과정의 박혜림 양에게도 고마움을 전하고 싶다.

2010년 겨울의 문턱에서

이 상 돈

차 례

제 1 장 주가조작의 형사책임

제 2 장 주식공모사기

제 3 장 내부거래자와 형법

제 4 장 차입에 의한 M&A와 형법

제 1 장

주가조작의 형사책임

이 글의 출처와 생성

제1장의 글은 2004년도 고려대학교 특별연구비에 의하여 수행되어 발표한 "주가조작의 형사책임"(저스티스, 통권 제89호, 2006, 87~109쪽)에서 비롯된 글이다. 이 논문이 발표된 후에 「증권거래법」이 「자본시장과 금융투자업에 관한 법률」로 바뀌면서 넓은 의미의 주가조작죄 구성요건이 확장되고 보완되었다. 이 글은 변화된 법제상태를 반영하고, 그간 출간된 관련문헌들을 참조하였다. 또한 이 글은 사기죄와 주가조작죄의 불법차이, 목적조항의 새로운 해석 등 다양한 논점에서 원래의 논문이 담지 않았던 논의들을 담고 있고, 그 논문에서 기초되었던 이론을 더욱 섬세하게 발전시키고 있다.

Ⅰ. 주가조작죄의 현황

증권시장은 부를 일구는 기회의 땅이다. 기업은 증권시장을 통해 자본을 직접 조달할 수도 있고, 때로는 생산성의 향상과 무관하게 기업의 가치를 높일 수도 있다. 투자자들도 작은 재산으로 기업의 주인이 될 수 있을 뿐만 아니라, 재산을 빠른 속도로 증식시킬 수 있는 가능성을 갖는다. 하지만 증권시장에서 한 사람의 투자 성공은 다른 사람의 투자 실패를 전제로 할 때가 적지 않다. 장기적인 관점에서 보면 상장기업들의 실질적인 생산력이 향상되고 실물경제가 성장하고, 그에 힘입어 증권시장의 규모 자체가 성장하지 않는다면, 증권거래는 윈윈(win-win)게임이 아니라 제로섬(zero-sum)게임이 될 수도 있다. 그러나 제로섬게임의 증권시장도 붕괴되어서는 안 된다. 증권시장의 붕괴는 다시 실물경제의 위기로 이어지기 때문이다. 그런데 증권시장의 붕괴는 실물경제의 위기에서 비롯되기도 하지만, 일반인들이 증권시장의 건전성이나 투자가치성에 대해 신뢰를 하지 않아 투자를 그만두는 시장이탈의 현상에 의해 초래될 수도 있다.

1. 주가조작죄의 법제

2009.2.부터 시행된 「자본시장과 금융투자업에 관한 법률」(약칭: 자본시장법)은 그런 이탈을 막고, 증권시장에의 참여 동기와 가치를 유지하기 위해 시장의 공정성(Fairness)을 어지럽히는 일탈행위의 하나로서 다양한 유형의 주가조작죄를 설정하고 무겁게 처벌하고

있다.

> 「자본시장과 금융투자업에 관한 법률」 제443조(벌칙) ① 다음 각 호의 어느 하나에 해당하는 자는 10년 이하의 징역 또는 5억원 이하의 벌금에 처한다. 다만, 그 위반행위로 얻은 이익 또는 회피한 손실액의 3배에 해당하는 금액이 5억원을 초과하는 경우에는 그 이익 또는 회피한 손실액의 3배에 상당하는 금액 이하의 벌금에 처한다.
> 4호~7호(제176조 위반행위),
> 8호~9호(제178조 위반행위)
> ② 제1항 각 호의 위반행위로 얻은 이익 또는 회피한 손실액이 5억원 이상인 경우에는 제1항의 징역을 다음 각 호의 구분에 따라 가중한다.
> 1. 이익 또는 회피한 손실액이 50억원 이상인 경우에는 무기 또는 5년 이상의 징역에 처한다.
> 2. 이익 또는 회피한 손실액이 5억원 이상 50억원 미만인 경우에는 3년 이상의 유기징역에 처한다.
>
> ③ 제1항 또는 제2항에 따라 징역에 처하는 경우에는 10년 이하의 자격정지를 병과(竝科)할 수 있다.

현행법이 정하는 주가조작죄의 행위유형은 상장증권 또는 장내파생상품(부정거래죄는 장외파생상품 포함)의 거래와 관련한 다음의 7가지로 유형화할 수 있다.

- **유형 ⓐ: 통정·가장매매의 시세조종죄(제443조 제1항 4호)** 거래가 성황을 이루고 있는 듯이 잘못 알게 하거나 기타 타인으로 하여금 그릇된 판단을 하게 할 목적으로, ①사전에 거래상대방과 통정한 후 매도·매수하거나(제176조 제1항 제1,2호) ②권리이전을 목적으로 하지 아니하는 가장된 매매(제3호) 또는 ③이런 행위들의 위탁·수탁을 하는 행위(제4호)
- **유형 ⓑ: 현실거래의 시세조종죄(제443조 제1항 5호)** 매매를 유인할 목적으로 매매거래가 성황을 이루고 있는 듯이 잘못 알게 하거나 그 시세를 변동시키는 매매거래 또는 그 위탁이나 수탁을 하

는 행위(제176조 제2항 제1호)

- **유형 ⓒ: 시장조작유포의 시세조종죄(제443조 제1항 5호)** 매매를 유인할 목적으로 자기 또는 타인의 시장조작에 의해 시세가 변동한다는 말을 유포하는 행위(제176조 제2항 제2호)
- **유형 ⓓ: 허위 · 오해유발표시의 시세조종(제443조 제1항 5호)** 매매를 함에 있어 중요한 사실에 관하여 허위의 표시 또는 오해를 유발하게 하는 표시를 하는 행위(제176조 제2항 제3호)
- **유형 ⓔ: 탈법적 시세안정(제443조 제1항 6호)** 대통령령으로 정한 경우(안정조작과 시장조성 및 그 위탁과 수탁)가 아닌데도 시세를 고정시키거나 안정시킬 목적으로 매매거래 또는 그 위탁이나 수탁을 하는 행위(제176조 제3항)
- **유형 ⓕ: 부당이익취득목적의 시세변동 · 고정(제443조 제1항 7호)** 장내파생상품 혹은 장내파생상품의 기초자산 매매에서 부당한 이익을 얻거나 제삼자에게 부당한 이익을 얻게 할 목적으로 각각 그 장내파생상품의 기초자산 혹은 장내파생상품의 시세를 변동 또는 고정시키는 행위(제176조 제4항 제1,2호), 증권의 매매에서 부당한 이익을 얻거나 제삼자에게 부당한 이익을 얻게 할 목적으로 증권의 시세를 변동 또는 고정시키는 행위(제176조 제4항 제3호)

이와 같은 넓은 의미의 시세조종행위에 더하여 이 구성요건들보다 그 가벌성의 단계를 앞당기고, 그 적용영역을 증권을 넘어 모든 금융투자상품의 거래영역으로 확장하는 새로운 범죄구성요건으로 부정거래행위죄도 새롭게 법제화되었다.

- **유형 ⓖ: 부정거래행위죄(제443조 제1항 8, 9호)** 금융투자상품(증권, 장내파생상품, 장외파생상품)의 거래에서 부정한 수단, 계획 또는 기교를 사용하거나(제178조 제1항 1호), 중요사항에 관하여 거짓의 기재 또는 표시를 하거나 타인에게 오해를 유발시키지 아니하기 위하여 필요한 중요사항의 기재 또는 표시가 누락된 문서, 그 밖의 기재 또는 표시를 사용하여 금전, 그 밖의 재산상의 이익을 얻고자 하는 행위(제178조 제1항 2호), 거래를 유인할 목적으로 거

짓의 시세를 이용하는 행위(제178조 제1항 3호), 거래를 할 목적이나 그 시세의 변동을 도모할 목적으로 풍문의 유포, 위계의 사용, 폭행 또는 협박을 하는 행위(제178조 제2항)

2. 처벌강화의 흐름과 비범죄화의 대립

이런 시세조종행위들의 범죄화가 타당한가에 대해 두 가지 큰 근본관점이 대립한다.

(1) **범죄화와 처벌강화의 관점** 한편에서는 자본시장의 공정성을 실현하기 위해 그런 행위들을 형벌로 위협하고, 또한 집행을 철저히 해야 한다는 관점을 펼친다. 이 관점에 의하면 현재까지 주가조작죄가 보여 온 집행결손은 잘못된 현실로서 지양되어야 한다.[1] 더 나아가 자본시장의 세계화 흐름은 현재의 주가조작죄보다도 더 강력한 처벌을 요구한다고 이해되기도 한다. 이 점은 EU의 경제적 통합에 따른 법적 동화의 과정에서 이루어진 주가조작의 범죄화와 처벌강화 현상을 보면 쉽게 알 수 있다. 또한 1997년 경제위기 이후 주가조작죄가 빈번하게 집행되고, 처벌되었던 우리나라의 현실도 이와 같은 맥락에 서 있다. 즉, 당시 경제위기의 주된 원인은 낙후된 금융체계에 있었고, 증권시장의 불공정성은 그런 낙후성을 가져오는

1) 예컨대 구 증권거래법 제188조의4 제4항(허위사실 유포 및 위계사용 · 부실표시문서사용에 의한 시세조종)을 미국식의 '사기적 증권거래행위'를 처벌하는 규정으로 운용할 수 있다는 박준, "시세조종행위의 규제", *인권과 정의* (230호, 1995/10), 79~89쪽; 미국의 1934년 증권거래법(Securities Exchange Act of 1934) Section 10(b) 및 SEC Rule 10b-5처럼 부당한 이득의 취득이나 재산상의 이익 취득을 (필자의 이해로는 이를 행위의 목적으로 규정하는 우리나라 증권거래법에서는 목적조항마저) 주가조작죄의 요건으로 삼지 않음으로써 일반적 불공정거래금지조항을 형성하자는 주장으로 임재연, *증권거래법* (2002), 456쪽 참조. 이런 관점은 현행 자본시장법 제178조에 법제화되었다고 볼 수 있다.

데 적지 않은 기여를 했으며, 주가조작은 내부자거래와 함께 바로 그런 시장의 불공정성을 가져온 대표적인 일탈행위이다. IMF 관리체제의 극복과정이 국경을 넘은 자본교류를 원활하게 만드는 자본시장의 세계화였고, 주가조작의 처벌강화는 그런 세계화를 위한 형사정책의 하나가 되었다.

(2) **비범죄화의 관점** 그러나 다른 한편 위와 같은 시세조종행위들의 범죄성에 대해 근본적인 회의를 제기하는 관점도 있다.[2] 이 관점은 주가조작죄에 해당하는 시세조종행위가 통상적인 주식거래행위와 명확하게 구별하기 어렵고, 형사불법을 구성할 만큼 시세조종행위의 반도덕적 성격이 강하지 않다는 평가에 서 있다. 더 나아가 주가조작죄는 장기적으로는 오히려 시장참여자들의 경제적 이익과 증권시장의 효율성을 해치는 역기능을 발휘할 수도 있다는 우려도 이런 관점을 지탱하고 있다. 이런 관점에서 보면 지양되어야 할 것은 '주가조작죄의 집행결손'이 아니라 '집행결손의 주가조작죄'가 된다.

(3) **형법이론적 과제** 현실적으로는 처벌강화론이 힘을 얻는다. 특히 투자에 실패한 일반시민들은 자신의 실패가 누군가의 일탈행위에 기인하는 측면이 있다는 사실만으로도 강력한 처벌욕구를 갖고, 그런 일탈행위가 또다시 일어난다면 자신들의 투자성공 가능성이 침해된다는 위기의식을 느끼기 때문이다. 또한 처벌 없이는 시세조종행위가 더 많이 빈번하게 일어날 것이라는 우려도 처벌강화론에 손을 들게 한다. 하지만 주가조작죄가 형법이론적으로 정당성을 충

---

2) 대표적으로 임철희, *시세조종행위의 형법적 문제에 관한 연구* (한국형사정책연구원, 2002) 참조.

분히 창출할 수 있는지에 관해서는 여전히 다양한 의문이 있다. 시세조종의 처벌이 정말 증권시장의 기능을 보호해줄 수 있는지, 민사제재나 과징금, 영업정지 등과 같은 제재만으로는 시세조종을 효율적으로 통제할 수 없는지, 더 나아가 처벌의 강도도 이미 과잉금지원칙에 위배되고 있는 것은 아닌지 등 많은 형법이론적 의문이 제기될 수 있다.

그러면 앞으로 주가조작에 대한 형법정책은 어떤 방향으로 나아가야 하는 것일까? 이 물음에 올바르게 답하기 위해서는 이와 같은 처벌강화론과 비범죄화이론, 현실과 이론 사이를 왔다 갔다 하며 주가조작죄의 합리성을 성찰할 필요가 있다. 아래서는 그런 성찰의 과정으로 주가조작행위의 불법유형(Unrechtstypus)을 해명하고(II), 그 불법유형이 형사불법이 되기 위한 주가조작죄의 요건을 구체화하며(III), 마지막으로 주가조작죄의 입법과 해석에서 나침반이 될 수 있는 법정책의 방향을 설계해보기로(IV) 한다.

II. 주가조작의 불법유형

주가조작에 대해 어떤 법적 통제를 가해야 마땅한지를 정하려면 먼저 주가조작이라는 일탈행위의 불법구조가 해명되어야 한다.

1. 사기죄와의 유비성 도그마

흔히 주가조작의 불법은 표현의 차이는 있지만 대체로 ① 허위정보의 창출,[3] ② 투자판단의 그르침,[4] ③ 인위적인 증권가격의 형성[5]의 세 요소로 구성되어 있다고 이해된다. 이는 주가조작이 자본시장의 유통에 대한 일종의 사기죄라고 보는 관점이 전제되어 있다. 이런 관점은 입법적으로 표현되기도 한다. 예컨대 주가조작을 규율하는 독일법제들은 '자본투자사기'(Kapitalanlagebetrug), '시세사기'(Kursbetrug)처럼 주가조작의 현상을 일종의 사기죄(Betrug)로 바라본다.

[독일의 주가조작죄 법제] 독일법에서 주가조작죄는 크게 3가지 법제에 의해 규율된다. 2차 경제형법개정을 통해 형법전(StGB) 제264조 a[6]에 신설된 자본투자사기죄와 이 규정의 제정을 계기로 재정비된 증

3) 이상복, "인터넷 증권사기의 현황 및 그 대응방안", *주식* (제389호, 2000.1.), 21쪽.

4) 김주영 · 김태선, "주가조작에 따른 손해배상청구사건에 있어서 배상액의 산정방법에 관한 고찰", *증권법연구* (제2권 제1호, 2001), 116쪽; Santa Fe Industries, Inc. v. Green, 430 U.S. 462(1977).

5) 장영민 · 조영관, "증권범죄의 현황과 형법적 대응", *형사정책연구* (제6권 제2호, 1995), 44쪽; 김정수, "시세조종 규제의 이론과 실제", *주식* (제395호, 2001.7.), 6쪽 아래; 이형기, "증권거래법상의 민사책임에 관한 고찰", *인권과 정의* (제277호, 1999.9.), 58쪽 아래 참조; Tiedemann, *Wirtschaftsstrafrecht und Wirtschaftskriminalität* 2, BT., (1976), 140쪽.

6) StGB § 264a Kapitalanlagebetrug: (1) Wer im Zusammenhang mit 1. dem Vertrieb von Wertpapieren, Bezugsrechten oder von Anteilen, die eine Beteiligung an dem Ergebnis eines Unternehmens gewähren sollen, oder 2. dem Angebot, die Einlage auf solche Anteile zu erhöhen, in Prospekten oder in Darstellungen oder Übersichten über den Vermögensstand hinsichtlich der für die Entscheidung über den Erwerb oder die Erhöhung erheblichen Umstände gegenüber einem größeren Kreis von Personen unrichtige vorteilhafte Angaben macht oder nachteilige Tatsachen verschweigt, wird mit Freiheitsstrafe bis zu drei Jahren oder mit Geldstrafe bestraft. (2) Absatz 1 gilt entsprechend, wenn sich die Tat auf Anteile an einem Vermögen bezieht, das ein Unternehmen im eigenen Namen, jedoch für fremde Rechnung verwaltet. (3) Nach den Absätzen 1 und 2 wird nicht bestraft, wer freiwillig verhindert, daß auf Grund der Tat die durch den Erwerb oder die Erhöhung bedingte Leistung erbracht wird. Wird die Leistung ohne Zutun des Täters nicht erbracht, so wird er straflos, wenn er sich freiwillig und ernsthaft bemüht, das Erbringen der

권법(Börsengesetz) 제88조[7]의 시세사기죄 그리고 유가증권거래법(Wertpapierhandelsgesetz) 제39조에서 질서위반범으로 다루는 제20조 a의 유통가격과 시장가격조작죄(Kurs- und Marktpreismanipulation) 등이 그것이다. 자본투자사기죄나 시세사기죄 모두 3년 이하의 자유형 또는 벌금형에 처한다. 독일에서는 투자자의 재산을 침해하는 주가조작행위에 대해서는 우선적으로 형법전 제263조의 사기죄(Betrug) 규정의 적용을 검토한다.[8]

(1) **사기죄불법과의 유비성** 하지만 이런 개념정의는 사기죄 해석론의 도그마에 빠져있는 데서 비롯된다. 즉, [기망 → 착오 → 재산처분 → 손해발생 → 재산상 이득]이라는 사기죄의 불법구조에서 기망은 허위정보의 창출로, 착오와 재산처분은 투자판단의 그르침으로, 손해발생과 재산상 이득은 인위적인 증권가격의 형성(과 그로 인한 투자실패)으로 각각 주가조작의 개념 속으로 유추된 것이다.

(2) **사기죄와의 차별성** 그러나 이런 유비(類比)적 이해는 사기죄가 증권거래영역에서도 발생할 수 있긴 하다는 점에서 의미가 있으나 사기죄가 적용될 수 없는 주가조작행위의 영역에서는 적절하지 못하다. 그 이유로는 먼저 주가조작죄는 증권시장의 공정성과 그

Leistung zu verhindern.

7) Börsengesetz §88 Wer zur Einwirkung auf den Börsen- oder Marktpreis von Wertpapieren, Bezugsrechten, ausländischen Zahlungsmitteln, Waren, Anteilen, die eine Beteiligung am Ergebnis eines Unternehmens gewähren sollen, oder von Derivaten im Sinne des § 2 Abs. 2 des Wertpapierhandelsgesetzes 1. unrichtige Angaben über Umstände macht, die für die Bewertung der Wertpapiere, Bezugsrechte, ausländischen Zahlungsmittel, Waren, Anteile oder Derivate erheblich sind, oder solche Umstände entgegen bestehenden Rechtsvorschriften verschweigt oder 2. sonstige auf Täuschung berechnete Mittel anwendet, wird mit Freiheitsstrafe bis zu drei Jahren oder mit Geldstrafe bestraft.

8) 이런 설명으로 Armin Nack, Müller-Gugenberger/Bieneck (Hrsg.), *Wirtschaftsstrafrecht*, 3. Auflage (Aschendorff, 2000), §63-9 참조.

것에 대한 거래참여자들의 신뢰라는 '보편적 법익'을 보호하는 경제범이고, 사기죄는 '개인적 법익'에 대한 범죄로서 재산범의 하나라는 점을 들 수 있다. 그러나 이보다 더 중요한 이유는 그런 개념정의로써는 형사불법이 인정될만한 주가조작행위(manipulating)와 그렇지 않은 시세조종행위(예: 주가안정화 stabilization나 주가부양 boosting), 심지어는 보통의 주식거래행위 사이의 경계가 분명하게 구분될 수 없다는 데에 있다.

> **[사기죄의 기망과 주가조작죄의 오해유발의 차이]** 주가조작죄가 사기죄에 비해 희석된 불법을 갖는다는 점은 핵심적인 주가조작행위의 반도덕적 행위양태에서도 확인된다. 사기죄의 행위반가치를 구성하는 핵심은 기망(Täuschung)에 있다. 주가조작죄도 "거짓의 표시", '거짓' 매매나 '통정'매매 등의 기망적인 행위양태에 의해 성립하기도 한다. 그러나 주가조작죄의 행위반가치는 여기서 더 나아가 '오해유발'이나 (시장조작을) 유포하는 행위 등과 같이 형법상 사기죄의 기망에 해당하지 않는 양태의 행위에 의해서도 구성된다. 따라서 사기죄처럼 기망의 대상은 '사실'(Tatsache)일 필요는 없고, 견해나 가치판단도 무방한 것이다.[9)]

그 결과 주가조작죄의 구성요건은 명확성원칙에 위배된다는 평결[10)]을 받고 적어도 이론적으로는 모두 비범죄화될 것이 요청된다는 주장도 제기될 수 있다.

---

9) 이 점은 독일 증권법(Börsengesetz) 제88조의 해석에서도 마찬가지이다. 이에 관해 Eberhard Schwark, *Börsengesetz* (C.H. Beck, 2004), §88-5 참조.

10) 이점을 탁월하게 분석해내는 임철희, *시세조종행위의 형법적 문제에 관한 연구* (한국형사정책연구원, 2002), 29~39쪽.

2. 주가조작의 불법 구조

그러나 이와 같은 비범죄화의 이론적 요청은 오히려 정반대의 현실, 특히 자본시장의 세계화를 위해 주가조작은 형법적으로도 더욱 더 광범위하게 통제되어야 한다는 현실론에 부딪히고 있다. 이 현실론은 주가조작이 포섭되는 미국 연방증권법상의 시장에 대한 사기(fraud on market)의 표상을 형법전(제347조 제1항)의 사기(Betrug)에다 완전히 오버랩핑시킨다.

[미국의 포괄적인 증권범죄] 포괄적 사기금지조항(general anti-fraud provision[11]))으로는 미국의 1934년 증권거래법(Securities Exchange Act of 1934) Section 10(b)[12]와 그 위임에 의해 공포된 SEC Rule 10(b)-5[13]를 들 수 있다.[14] 이 법 Section 32(a)[15]는 "누

11) 포괄조항(general provision)의 개념은 이에 관해 William B. Herlands, "Criminal Law Aspects of the Securities Exchange Act of 1934", *Virginia Law Review* (Vol.21 No.2, 1934), 141, 143쪽 참조.

12) SECURITIES EXCHANGE ACT OF 1934 SEC. 10. It shall be unlawful for any person, directly or indirectly, by the use of any means or instrumentality of interstate commerce or of the mails, or of any facility of any national securities exchange— …… (b) To use or employ, in connection with the purchase or sale of any security registered on a national securities exchange or any security not so registered, or any securities-based swap agreement, any manipulative or deceptive device or contrivance in contravention of such rules and regulations as the Commission may prescribe as necessary or appropriate in the public interest or for the protection of investors.

13) SEC Rule 10b-5 (Employment of Manipulative and Deceptive Devices): It shall be unlawful for any person, directly or indirectly, by the use of any means or instrumentality of interstate commerce, or of the mails or of any facility of any national securities exchange, To employ any device, scheme, or artifice to defraud, To make any untrue statement of a material fact or to omit to state a material fact necessary in order to

구든지 이 법 또는 이 법에 의해 그에 대한 위반이 불법으로 되거나 그에 대한 준수가 요구되는 규정 및 규칙의 조항을 고의로 위반한 자"에게 5백만 달러 이하 또는 20년 이하의 징역 또는 양자의 병과에 처하고 있다. 또한 1933년 증권법(Securities Act of 1933) Section 24("누구든지 이 법 또는 이 법의 규정에 따른 권한으로 SEC가 제정한 규정 및 규칙의 조항을 고의로 위반한 자"에게 1만 달러 이하 또는 5년 이하의 징역 또는 양자의 병과에 처함)도 주가조작을 처벌할 수 있는 법규정이 된다. 이런 규정을 포괄조항("catch-all" Section)이라고 개념화[16]할 수 있다. 이런 입법태도는 주가조작죄의 행위유형을 유형화하여 열거하는 우리나라 자본시장법 제443조 제1항과 대비된다.

이런 상황 속에서 앞의 유비적 이해는 비범죄화가 아니라 더 강력한 범죄화의 요청으로 전환된다. 이런 요청은 실제로 자본시장법에 부정거래행위죄(제178조, 제443조 제1항 8,9호)로 실현되었다.[17] 그러나 주가조작의 당벌적 구조(Strafwürdigkeit)를 올바르게 규제하려면, 한편으로는 다소 관념적 주장인 주가조작의 (전면 또는 광범위한) 비범죄화 주장에 대해 실용적인 거리를 두어야 하지만, 다른 한편으로는 너무 현실적인 주장, 주가조작의 과도한 범죄화와 강력한 처벌

---

make the statements made, in the light of the circumstances under which they were made, not misleading, or To engage in any act, practice, or course of business which operates or would operate as a fraud or deceit upon any person, in connection with the purchase or sale of any security.

14) 이 포괄적 사기금지조항의 요건과 적용에 관해 자세히는 최승재, "자본시장법상 불공정거래에 대한 규제", *한국금융법학회 2009년 하계 학술발표회* (2009.9.29.) 발표문 참조.

15) Sec. 32(b), (c)도 주가조작죄를 통제하는 규정이지만 (a)에 비해 실무적 중요성이 현저히 적다.

16) 이런 개념사용에 대해 Paul, Hastings, Janofsky & Walker, LLP, *Securities Law Claims: A Practical Guide* (Oceana Publications, Inc., 2004), 228쪽.

17) 이런 이해로 성희활, "사기적 부정거래에서 '위계'의 적용 문제", *증권법연구* (8권 1호, 2007), 81쪽.

에 대해서도 이성적인 거리를 두어야 한다. 이런 거리두기는 단지 신설된 부정거래행위죄에서 뿐만 아니라 다른 주가조작죄의 모든 유형에서도 요구된다. 이를 위해 먼저 주가조작을 막연히 사기죄와 같게 이해하는 도그마를 깨뜨릴 필요가 있다.

(1) **고양된 주가형성력** 이를 위해서는 먼저 주가조작이라고 부르는 행위뿐만 아니라 보통의 주식거래도 시장가격을 형성하는 구성력이 있다는 점에 주목해야 한다. 즉, 특정 가격의 주식을 거래(매

<table>
<tr><td>시장의 가격결정 기능 위태화</td><td>×</td><td>×</td><td colspan="2">●</td></tr>
<tr><td>(가격결정의) 인위성</td><td>×</td><td>●</td><td colspan="2">●</td></tr>
<tr><td>가격형성력</td><td>●</td><td>●</td><td colspan="2">●</td></tr>
<tr><td>구조요소 / 유형</td><td>형 성</td><td>조 종</td><td colspan="2">조 작</td></tr>
<tr><td>보기</td><td>- 일반투자자의 소액거래</td><td>- 대량의 자전거래
- 주가안정화
- 자기주식취득·소각
ⓔ 탈법적 시세안정</td><td>규범적 의미
ⓐ 통정·가장매매 시세조종죄
ⓒ 시장조작유포 시세조종죄
ⓓ 허위·오해유발 표시의 시세조종
ⓕ 부당이익취득목적 시세변동·고정</td><td>사실적 의미
ⓑ 현실거래 시세조종죄</td></tr>
<tr><td></td><td colspan="4">ⓖ 부 정 거 래 행 위 죄</td></tr>
</table>

수, 매도)하면, 바로 그 거래행위는 그 주식의 가격을 변화(상승, 하락)시킨다. 주식거래의 가격형성력은 그 크기에서만 차이가 있을 뿐, 모든 주식거래에 공통되어 있다. 그 크기의 차이를 다음과 같이 <형성→ 조종 → 조작>의 3단계로 나누어 유형화 할 수 있다.

1) 형 성 여기서 가격형성력이란 경쟁적 자유시장으로서의 증권시장을 전제한다. 누구나 증권시장에 자유로이 참여할 기회를 공평히 누리고, 투자정보도 모든 시장참여자들에게 대칭적으로 분배되어 있는 상태에서 주식가격은 그 증권에 대한 수요와 공급이 균형을 이루는 지점에서 형성된다. 이런 '경쟁적 자유시장'의 이상에서는 일체의 증권거래가, 적어도 그것이 수요와 공급의 일부가 되는 한, 똑같은 가격형성력을 갖는다고 말할 수 있다.

2) 조 종 이에 비해 현실의 증권시장에서는 가격형성력에 차이가 있을 수 있다.

(가) **기관투자가의 대량거래** 예컨대 기관투자가의 대량거래는 그 자체로서 단기간에도 큰 폭으로 주가의 등락을 가져올 수 있다. 그래서 오히려 일정량의 주식을 동일가격으로 시간외매매로 거래하는 것이 공정할 수 있다. 하지만 이때 거래는 대량의 주식거래를 순차적으로 할 때 각 거래가 갖는 가격형성력을 증권시장의 공정성을 위하여 인위적으로 유보시킨 셈이 된다. 이처럼 증권거래가 큰 틀에서는 시장의 가격결정기능에 따라 좌우되지만 그 가격결정은 — 완전히 자유로운 경쟁적 시장에서의 가격형성에 비해 — 인위적이라고 부를 수 있다.

(나) **주가부양정책** 주가부양(boosting)을 위해 각종 연금공단이 정책적으로 증권을 대량으로 매입해가거나 저평가된 주식가치를 실

질화하기 위해 자기주식을 대량으로 취득하여 소각하는 거래도 마찬가지이다. 이런 행위들은 주가형성이 인위적이긴 하지만 시장의 가격결정메커니즘을 여전히 작동시킨다는 점에서 주가조작과 구별하여 주가를 '조종'한다(control, steuern)고 말할 수 있다.

(다) **탈법적 시세안정** 주가의 조종은 시장의 수요와 공급을 인위적으로 조절할 뿐 시장의 가격결정메커니즘 자체를 건드리지는 않는다. 이런 점에서 유형 ⓔ의 탈법적 시세안정(제443조 제1항 6호)도 주가조종에 속한다. 유형 ⓔ의 탈법적 시세안정죄의 불법은 주가'조종'이 법정의 절차에 따라 이루어지지 않은 데 있을 뿐이다.

3) 조 작 그러므로 인위적인 가격형성이 시장의 가격결정메커니즘 자체를 위태화하는 단계에 이른 경우는 주가조종과 구별하여 주가조작(Kurs-manipulation)이라고 구별지을 필요가 있다. 자본시장법 제443조 제1, 2항이 설정하는 범죄구성요건들은 이런 의미의 주가조작을 대상으로 하여야 한다. 왜냐하면 시세조작과 구별되는 시세조종은 그 구성요건들이 정하는 법정형에 "비례적인" 형사불법이 될 수 없기 때문이다. 그러므로 자본시장법 제2장의 시세'조종' 개념은 주가'조작'으로 이해되어야 한다.

> 법 제176조 제2항 2호에서는 "그 증권 또는 장내파생상품의 시세가 자기 또는 타인의 시장 조작에 의하여 변동한다는 말을 유포하는 행위"라고 하여 "조작"이라는 표현을 사용하고 있다. 그러나 조종과 조작의 개념이 체계적으로 구분되어 사용되고 있지는 못하다.

(가) **행위반가치가 강한 시장기능위태화행위** 시장의 가격결정메커니즘은 규범적으로 또는 사실적으로 위태화될 수 있다. 도덕적으로 일탈행위라고 볼 수 있는 증권거래(예: 유형 ⓐⓒⓓ)는 비록 양적

으로 시장지배력이나 시장영향력을 갖지 못한다 할지라도 시장의 가격결정메커니즘을 위태화한다고 말할 수 있다. 왜냐하면 시장참여자들은 다른 참여자가 그와 같은 반도덕적 행위를 한다면 자본시장의 가격결정기능에 모종의 장애가 발생할 수 있다는 두려움을 갖기 때문이다. 물론 이런 위태화가 자본시장기능의 현실적 붕괴로 이어질 것인지는 확정짓기 어렵다. 그럼에도 불구하고 이와 같은 일탈행위들에게 주가조작의 불법을 귀속시킬 수 있으려면 적어도 그런 행위들이 반복되어 누적되면 자본시장기능이 '현실적으로' 붕괴될 개연성이 발생한다. 이런 의미에서 반도덕적 증권거래행위는 시장기능을 위태화하는 적성(Eignung)이 있다고 말할 수 있다. 여기서 적성은 주가조작죄의 결과반가치적 요소가 된다. 그러므로 이런 유형들의 범죄성립여부에 대한 판단에서는 바로 그런 결과반가치로서의 적성에 대한 합리적 판단이 관건이 된다.

(나) **결과반가치가 강한 시장기능위태화행위** 이에 비해 가격결정력을 독점 또는 과점할 정도 또는 적어도 '감지할만한' 시장영향력을 지닌 (단기의) 대량거래(예: 유형 ⓑ, ⓕ)는 사실상 시장의 가격결정메커니즘을 위태화할 수 있다. 즉, 그런 거래는 자본시장의 가격결정기능을 침해할 적성을 그 자체로서 이미 갖고 있다. 그러나 이런 유형의 거래는 실제의 거래라는 점에서 반도덕적인 행위의 요소가 없거나 미미하다. 그러므로 이런 유형의 행위가 주가조작의 불법을 가질 수 있으려면 최소한 거래행위자에게 조작의 강한 의도와 같은 반도덕적 요소(행위반가치)가 확인될 수 있어야 한다.

(다) **시장기능위태화가 매우 미약한 행위** 또한 탈법적 시세안정죄(유형 ⓔ)는 주가조작죄로 처벌하기에는 결과반가치도 구조적으로 부족하고, 행위반가치도 존재론적으로 결핍되어 있다. 설령 이 유형

의 행위로 투자유인, 투자유발의 효과가 발생하였음이 패턴분석으로 입증되더라도 이런 행위는 형벌이 아니라 과태료나 과징금에 의한 제재가 적정하다. 따라서 탈법적 시세안정죄는 비범죄화되어야 한다.

㈑ **반도덕적 시장참여행위** 자본시장법에서 새로이 입법된 부정거래행위죄(유형 ⓖ, 제443조 제1항 8,9호)는 자본시장의 가격결정기능을 보호법익으로 보기 어렵다.

ㄱ) 시장기능보호가 아니라 시장참여행위의 도덕성 보호 그 이유는 첫째, 부정거래행위는 자본시장의 수요와 공급을 변화시키기보다는 투자자들의 투자의사결정에 영향을 미치는 행위라는 점에서 아직 자본시장의 가격결정기능을 위태시키는 적성(Eignung)을 인정할 수 없다. 예컨대 주식공모를 하면서 증권신고서나 사업설명서에 일부 허위기재를 하는 행위는 주식을 매입하는 투자자들의 재산영역에 위법하게 침범해 들어가는 것이지만, 그 행위가 곧바로 공모가격의 결정을 왜곡하는 것은 아니다.

하지만 부정거래행위들은 자본시장의 기능에 대한 추상적인 위험을 띤 행위라고 말할 수는 있다. 즉, 부정거래행위죄의 보호법익은 여전히 자본시장이다. 이 점에서 사기죄와 구별된다. 여기서 추상적 위험이란 자본시장의 기능을 훼손할 '현실적' 가능성(구체적 위험이든, 적성[구체적-추상적 위험]이든)에 못미치는 '사유적' 가능성을 의미한다. 다시 말해 부정거래행위죄는 시장기능에 대해 단지 위험스러운(risky, riskant) 행동일 뿐이다. 이 점에서 시장기능의 현실적 위태화 적성을 지닌 범죄(적성범)로서 주가조작죄와 구별된다. 그러므로 불공정거래행위죄는 주가조작죄의 '전 단계'를 범죄화한 것(Vorfeldkriminalisierung)이라 할 수 있다.[18]

---

18) 같은 취지로 내가 지도한 박사논문인 지유미, *M&A에 대한 형법정책의 방향*

물론 제178조는 미국의 1934년 증권거래법 Section 10(b) 및 SEC Rule 10b-5의 포괄적 사기금지규정에 영향을 받은 것으로 보는 것이다. 그러나 미국의 포괄적 사기금지규정은 우리나라 법에서 보편적 법익에 대한 범죄로서 주가조작죄와 개인적 법익범죄로서 불공정거래행위죄를 '포괄'하는 구성요건임에 주의할 필요가 있다. 이를 독일식의 개념으로 표현하자면 포괄구성요건(Auffangstatbestand)인 셈이다.

ㄴ) 체계적 이유 둘째, 부정거래행위는 다른 자본시장참가자들의 자유와 재산, 명예와 업무, 생명과 신체를 침해하는 개인적 법익에 대한 범죄의 성격이 강하다. 앞의 유형들은 자본시장법 제4편 제2장에서 규율하는 반면, 부정거래행위죄는 제3장에서 따로 규정하고 있는 점도 이를 뒷받침한다. 물론 부정거래행위죄도 주가조작죄 그리고 내부자거래죄와 함께 제4편 (불공정거래의 규제)에 규정되어 있다는 점에서 보호법익을 같게 볼 여지는 있다. 그러나 제4편은 보편적 법익인 자본시장기능을 보호하는 내부자거래죄와 주가조작죄 그리고 불공정거래행위죄를 포괄하는 상위개념으로 설정된 것이라는 점에서 같은 편에 규정되어 있다고 하여 보호법익이 같다는 결론이 도출되지는 않는다.

ㄷ) 손해발생영역의 구조적 차이 셋째, 더 결정적인 점은 시세조종행위에 따른 배상책임은 "그 위반행위로 인하여 형성된 가격에 의하여 해당 상장증권 또는 장내파생상품의 매매를 하거나 위탁을 한 자가 그 매매 또는 위탁으로 인하여 입은 손해"(제177조 제1항)에 대한 것인 반면, 부정거래행위죄에 따른 배상책임은 "그 위반행위로 인하여 금융투자상품의 매매, 그 밖의 거래를 한 자가 그 매매,

(고려대 박사학위논문, 2009), 55쪽 참조.

그 밖의 거래와 관련하여 입은 손해"(제179조 제1항)에 대해 진다. 즉, 시세조종행위들은 시장의 가격결정기능을 왜곡하고, 그 왜곡으로 인해 발생한 손해에 대한 배상책임을 가져오지만, 부정거래행위는 그 거래의 상대방이 입은 손해에 대한 배상책임을 가져오는 것이다.

ㄹ) 일반적 도덕적 행위규범 그렇기 때문에 부정거래행위죄는 자본시장에 참여하는 사람들이 지켜야 할 도덕적 행위규범을 구축하는 일반조항이고, 그 규범의 준수를 형벌로 위협하는 처벌법규인 것이다. 또한 이 도덕적 행위규범은 반드시 특정 피해자를 전제하고 있는 것은 아니다. "부정한 수단을 사용하는" 금융투자상품의 거래는 피해자 없는 범죄(opferloser Verbrechen)가 될 수도 있다.

(2) 반도덕적 요소 사기죄의 도그마에 갇힌 주가조작의 개념이해는 또 다른 주가조작의 개념적 요소로 — 주가조작(시세조종) 개념의 불명확성을 고려하여 더 핵심적인 요소로 — 주가조작행위자의 '나쁜 의도'를 제시한다.[19]

1) 주가조작죄의 목적조항의 기능 이 의도는 투자판단을 그르치게 하고, 매매거래를 유인하고, 그에 따라 해당 증권에 대한 수요와 공급의 상태가 변화하고, 그 결과 자신이 큰 차익을 취득하려는 내적 성향을 가리킨다.

(가) 현행 주가조작죄의 목적조항들 이런 내적 성향을 현행 자본시장법은 각종 '목적' 개념에 담고 있다.

(나) 주가조작죄 불법 부족분의 보충 이러한 목적조항들은 각

---

19) 서종남, *증권거래의 시세조종의 규제에 관한 연구 — 미국의 연방증권법을 중심으로* (건국대 박사학위논문, 1999), 235쪽; 바로 그렇기 때문에 주가조작의 범죄화에 대해 비판적인 시각으로 임철희, *시세조종행위의 형법적 문제에 관한 연구* (한국형사정책연구원, 2002), 41~42쪽.

범죄유형	목적의 내용
ⓐ 통정·가장매매 시세조종죄	“매매가 성황을 이루고 있는 듯이 잘못 알게 하거나, 그 밖에 타인에게 그릇된 판단을 하게 할 목적으로”
ⓑ 현실거래 시세조종죄	“매매를 유인할 목적으로”
ⓒ 시장조작유포 시세조종죄	
ⓓ 허위오해유발표시 시세조종죄	
ⓔ 탈법적 시세안정죄	“시세를 고정시키거나 안정시킬 목적으로”
ⓕ 부당이익취득목적의 시세변동·고정	“부당한 이익을 얻거나 제삼자에게 부당한 이익을 얻게 할 목적으로”
ⓖ 부정거래행위죄	“매매, 그 밖의 거래를 유인할 목적으로”(제178조 제1항 3호)
	“매매, 그 밖의 거래를 할 목적이나 그 시세의 변동 을 도모할 목적으로”(제178조 2항)

유형들이 주가조작죄의 불법을 완전하게 구비하지 못한 부족분을 메워주기 위한 것이라고 할 수 있다.

ㄱ) 반도덕적 시세조종의 결과반가치 보충 첫째, 목적조항은 반도덕적인 행위양태를 띤 시세조종행위(유형 ⓐⓒⓓ)에서는 사안에 따라 확증되지 못한 결과반가치, 즉 자본시장의 가격결정기능을 왜곡시킬 적성의 부족분을 메우기 위해 행위반가치요소를 더 한층 강화시키는 조항이다.

ㄴ) 현실거래 시세조종의 행위반가치 보충 둘째, 목적조항은 현실거래의 시세조종행위(유형 ⓑ)에서는 결핍된 행위반가치 부분을 메워주기 위한 것이다.

ㄷ) 탈법적 시세안정의 불법보충 셋째, 탈법적 시세안정죄

(유형 ⓔ)에서는 행위반가치와 결과반가치 모두가 부족한 부분을 메워주기 위한 것이다.

ㄹ) 부정거래죄의 위태화결핍의 보충 넷째, 목적조항은 부정거래행위죄에서는 보호법익에 대한 공격의 미약함(추상적 위험)에도 불구하고 시세조종죄들과 같은 정도로 무겁게 처벌할 수 있도록 그 부족한 불법을 메워주기 위한 것이다.

2) 목적 없는 목적조항들 그러나 목적조항의 이와 같은 기획이 실제로 각 유형에서 주가조작죄의 불법으로서 부족한 부분을 메워줄 수 있는 지는 매우 의문이다. 왜냐하면 목적조항이 각 행위유형이 실현하는 불법의 실질에다 새로운 불법의 실질이 추가하고 있는 것인지가 의문스럽기 때문이다.

(가) 불법의 실질을 추가하지 않는 목적조항들 자세히 들여다보면 위의 목적조항들은 그와 같이 불법의 실질을 추가하는 요소를 갖고 있지 않다.

ㄱ) 형법전상의 불법추가적 목적범 이 점은 다른 목적범의 불법추가기능과 대비함으로써 분명해진다. 예컨대 내란목적살인(형법 제88조)에서 내란목적은 실행행위(예: 살인)를 수단으로 달성하려는 외재적 목표(예: 국토를 참절하거나 국헌을 문란할 목적으로)이다. 그런 외재적 목표를 달성하려는 (주관적) 의도는 살인이라는 실행행위의 불법에 새로운 불법의 실질을 '추가'시킨다.

ㄴ) 부당이득취득목적의 주가조작죄 예외 물론 주가조작죄 가운데에도 부당이득취득목적의 주가조작죄(제443조 제1항 7호)는 목적조항이 주가조작죄에 불법을 실질적으로 추가하는 기능을 수행한다. 예컨대 "장내파생상품의 매매에서 부당한 이익을 얻거나 제3자

에게 얻게 할 목적"을 위하여 "그 장내파생상품의 기초자산의 시세를 변동 또는 고정시키는 행위"(제176조 제4항 1호)를 하는 것이므로 시세조작행위의 목적은 그 행위에 외재적인 목표가 되어 있다. 여기서 부당한 이익의 취득은 단지 "유가증권의 처분으로 인한 행위자의 개인적이고 유형적인 '경제적 이익'에 한정되지 않고" — 이 점에서 불법이득의사 개념에서 불법이득(Bereicherung)과 구별됨에 주의 — "기업의 경영권 획득, 지배권 확보, 회사 내에서의 지위 상승 등 무형적 이익 및 적극적 이득뿐 아니라 손실을 회피하는 경우와 같은 소극적 이득, 아직 현실화되지 않는 장래의 이득도 모두 포함하는 포괄적인 개념으로 해석"[20]할 수 있다.

ㄷ) 주가조작행위에 내재적 목표로서 목적 그러나 그 밖의 주가조작죄에서 목적조항은 주가조작의 실행행위에 '내재된' (행위)목표에 불과하고, 이에 대한 인식은 고의의 내용이 될 뿐이다. 따라서 목적이라는 표현을 생략하고, '~하게 하려고' 라든지 '~할 의도로' 라는 표현을 써도 무방하다. 여기서 의도란 주가조작고의이며, 그 대상은 그릇된 판단을 일으키거나, 거래를 유인하는 등의 주가조작 실행행위의 양태이다.[21]

(나) 입증의 완화 그런데도 판례는 목적을 미필적 고의로 해석함으로써 수사와 재판에서 유죄입증의 부담을 덜어주는 경향이 있다.

---

20) 이런 해석은 구 증권거래법 제188조의4 제4항 제1호에 관한 판례(대판 2009. 7.9, 2009도1374)의 입장이지만, 준용가능한 해석이다. 앞의 인용문도 같은 판례의 내용임.

21) 이런 점에서 "부당한 이득을 얻기 위하여"란 목적조항을 제외하고 다른 목적조항들은 행위의 특수성을 설명하는 요소로 이해하기도 한다. 이런 입장으로 장영민 · 조영관, *증권범죄에 관한 연구* (한국형사정책연구원, 1996), 118쪽; 사법연수원, *경제범죄론* (2002), 166쪽; 임재연, *증권거래법* (2002), 458쪽 참조.

[판례의 주가조작죄 목적해석] 판례는 ① 통정·가장매매의 주가조작죄가 성립하기 위해서는 "통정매매 또는 가장매매 사실 외에 주관적 요건으로 '거래가 성황을 이루고 있는 듯이 잘못 알게 하거나 기타 타인으로 하여금 그릇된 판단을 하게 할 목적'이 있어야 하는데, 이러한 목적은 다른 목적과의 공존 여부나 어느 목적이 주된 것인지는 문제되지 아니하고, 그 목적에 대한 인식의 정도는 적극적 의욕이나 확정적 인식임을 요하지 아니하고 미필적 인식이 있으면 족하며, 투자자의 오해를 실제로 유발하였는지 여부나 타인에게 손해가 발생하였는지 여부 등은 문제가 되지 아니한다"[22]고 보며, 또한 ② 현실거래에 의한 주가조작죄의 목적인 "매매거래를 유인할 목적"이라 함은 인위적인 조작을 가하여 시세를 변동시킴에도 불구하고 투자자에게는 그 시세가 유가증권시장에서의 자연적인 수요·공급의 원칙에 의하여 형성된 것으로 오인시켜 유가증권의 매매거래에 끌어들이려는 목적을 말하고, 그 제1호 소정의 '유가증권의 매매거래가 성황을 이루고 있는 듯이 잘못 알게 하거나 그 시세를 변동시키는 매매거래'라 함은 본래 정상적인 수요·공급에 따라 자유경쟁시장에서 형성될 시세 및 거래량을 시장요인에 의하지 아니한 다른 요인으로 인위적으로 변동시킬 가능성이 있는 거래를 말하는 것으로서, 이에 해당하는지의 여부는 그 유가증권의 성격과 발행된 유가증권의 총수, 매매거래의 동기와 유형, 그 유가증권 가격의 동향, 종전 및 당시의 거래상황 등을 종합적으로 고려하여 판단하여야 하는 것이다"[23]

ㄱ) 목적의 사실상 추정 그러나 더 중요한 문제점은 목적의 개념정의보다 그 입증방법에 있다. 실무는 주가조작의 객관적 구성요건 충족이 입증되면 목적의 존재를 사실상 추정하는데, 이때 객관적 구성요건의 충족사실은 (금융감독원이) 거래패턴을 분석하여 주가폭등과 폭락 등의 원인을 설명할 합리적 이유가 없음이 밝히는 방법으로 입증한다.

22) 대판 2001.11.27, 2001도3567; 2005.11.10, 2004도1164.
23) 대판 2001.6.26, 99도2282; 2004.3.26, 2003도7112; 2005.11.10, 2004도1164.

[미국의 prima facie case] 미국에서도 주식거래에 직접 금전적 이익이 있는 사람이 주가상승을 위해 외형상 주가조작의 행위양태에 해당하는 적극적인 행위를 한 경우를 일응증명케이스(prima facie case)라고 하여 목적의 존재를 추정하고 입증책임을 피고에게 전환시킨다. 이때 적극적인 행위는 매매거래의 패턴이 정상적이지 않은 거래라는 간접사실(정황증거)에 의해 판단한다.[24]

ㄴ) 추정을 위한 간접사실의 불충분성 그러나 이런 추정은 매우 문제가 있다. 왜냐하면 객관적 구성요건에 외재적인 목적의 경우(예: 내란목적 살인죄)에는 그 목적과 관련된 (객관적 요건 입증증거와 별개의 증거인) 간접사실이 매우 많은 데에 비해, 주가조작죄처럼 내재적 목적에 관련한 간접사실은 매우 적어서, 그 추정의 합리성이 담보되기 어렵기 때문이다. 거래패턴의 분석이 사실상 간접증거의 전부인 상황에서는 주가조작행위와 통상의 주식거래 사이의 구분도 쉽지가 않다. 하물며 그런 분석만으로 목적을 추론하는 것이 더 더욱 합리성을 갖기 어렵다.

[현실거래의 주가조작죄에서 목적의 추정] H증권(주)은 같은 그룹 계열사 H전자(주)의 주식 300만주와 전환사채를 2,500억원 가량 보유하고 있었다. H증권 대표이사 甲은 이를 처분하기로 결정했다. 甲의 지시로 1998.5.26.~1998.11.12. 사이에 H증권에 개설된 H중공업(주)과 H상선(주) 명의의 계좌로 H전자의 주식을 매매하였는데, ⓐ 그 과정에서 종가결정을 위한 동시호가시간대에 53회에 걸쳐 1,425,680주의 고가매수주문을 냈고, ⓑ 1,023회에 걸쳐 3,472,180주에 직전체결가 및 상대호가 대비 고가매수주문을 냈고, ⓒ 567회에 걸쳐 2,103,290주에 대해 장중접속매매시 매매체결가능성이 없는 허위의 대량매수주문을 내었으며 ⓓ 60회에 걸쳐 302,070주에 대해 시초가 형성을 위한 동시호가시 호가잔량만 공개되고 매매체결가능성은 없는 낮은 가격의 허

24) 자세히는 김정수, *현대증권법원론* (박영사, 2002), 719~720쪽 참조.

위매수주문을 냈다. 이 거래를 통해 H증권(주)은 실현손실과 평가손익을 모두 감안할 때 최종적으로 약 58억원의 시세차익을 취득하였다. ① 대법원은 ⓔ H전자(주)의 총발행주식수는 H그룹 계열사가 79.47%, 기관투자가 등이 4.38%, 개인소액주주가 9.98%로서 ⓕ 유통가능한 주식물량은 최대 8,043,416주(14.36%)였던 점, ⓖ H중공업과 상선이 H전자 주식매수에 동원한 자금 2,200억원은 H전자 주식을 14,864,864주로서 유통가능물량의 1.84배에 이른 점 등을 고려할 때 甲에게 거래유인목적을 인정하고 현실거래의 주가조작죄를 인정하였다.② 사견: 甲의 행위는 계획적인 허위매수주문(위 ⓒⓓ)으로 인해 가장매매의 주가조작죄에 해당할 수 있다. 또한 고가매수주문행위들(ⓐⓑ)은 H그룹 계열사의 총지분율이 높고(ⓔ), 거래량이 적은 유통가능물량(ⓕ)에 비해 상당히 많다는 점(ⓖ) 등의 거래특성으로 인해 투자자들이 "매매가 성황을 이루고 있는 듯이 잘못 알게 하"(제176조 제2항 1호)는 매매에 해당할 수 있다. 즉, 현실거래의 주가조작죄의 객관적 구성요건을 충족한다. 그러나 여기서 가령 H증권의 수익률이 — 1998년도 증시의 고도상승 흐름을 고려해보면 — 이례적인 수준이 아니었다고 가정하자. 그러면 甲에게 증권시장의 가격결정기능을 왜곡하는 거래유인목적이 있었다고 단정할 수가 없다. 판례는 목적을 사실상 추정한 것이다.

3) 나쁜 심정으로서 목적 목적조항은 이처럼 불법의 실질을 추가하지 못하지만, 동기의 차원에서 바라볼 때 그런 목적성에는 윤리적으로 비난받을 만한 나쁜 심정(Gesinnung)의 요소가 깃들어 있다.

(가) 시장참여자들에게 보편적인 매매유인목적의사 예컨대 현실거래의 시세조종죄(유형 ⓑ) 행위자가 갖는 목적의식은 "매매를 유인할 목적"이다. 이런 목적의식은 주식을 매수하는 모든 사람들이 정도의 차이는 있지만, 자신의 매수가 다른 후속 매입을 유인하여 가격을 상승시키고, 차익을 실현하고자 하는 의사, 정확히는 강렬한 욕망과

목표의식을 갖고 있다. 그런데 이 차익의 실현은 하나의 증권매수가 현실의 경쟁적 시장에서 통상적으로 (공평하게) 가질 수 있는 (미세한) 가격상승효과의 크기보다 더 많이 상승해야 가능하고, 이를 위해서는 그런 상승을 뒷받침할 정도로 더 많은 매수세가 유인되어야 한다. 투자자들은 그런 유인을 의도하지 않을 수 없다. 반대로 하나의 증권매각이 현실의 경쟁적 시장에서 가질 수 있는 (미세한) 가격하락효과의 크기보다 더 많이 하락해야 하고 — 이로써 상대적으로 고가에 매도했다가 다시 저가에 매수할 수 있게 되며 — 이를 위해서는 그런 하락을 뒷받침할 정도로 더 많은 매도세가 유인되어야 한다. 투자자들은 그런 유인을 의도하지 않을 수 없다. 여기서 나쁜 의도나 심정은 주가조작자에게만 있는 것이 아니라 모든 증권시장참여자에게 있는 것이며, 시장에 참여하게 만드는 동기화의 불가결한 요소가 된다.

(나) **심리적 차별화** 그렇기 때문에 이 죄의 규정에서 "매매를 유인할 목적"이란 문언은 의미론의 차원이 아니라 심리적 차원에서 읽어야만 한다. 이를테면 윤리적으로 나쁜 심정을 추단하지 않고는 현실거래의 시세조종과 통상의 증권거래행위가 구분되지 않는다.

> 가령 미국의 저명한 주식투자가 워렌 버핏(Warren Edward Buffett)이 어떤 기업의 주식을 사면, 사람들은 추격 매수를 한다. 이런 일이 반복되면, 버핏은 주식을 사면서 투자성공을 기대하는 한, 그는 이미 "매매를 유인할 목적"을 갖기 쉽다. 그런데도 그에게 현실거래의 시세조종죄가 성립하지 않는 것은 그의 주식거래에 윤리적으로 나쁜 심정을 귀속시키지 않기 때문이다.

다른 주가조작죄의 유형에서도 이 점은 정도의 차이가 있지만 마찬가지이다. 그러므로 현행법상 주가조작죄는 ⓐ~ⓖ 유형의 행위를 한 사람들에게 해명되지 않은 '윤리적으로 비난받을만한 (모종의) 나쁜 심정'을 전제하지 않고는 성립하기 어렵다고 볼 수 있다. 그러나 주가조작죄의 불법이 이처럼 윤리적으로 나쁜 (가상적인) 심정에 의해 보충되는 한, 주가조작죄는 '심정형법'(Gesinnungsstrafrecht)이라는 비난을 피하기 어려워진다.

3. 시장의 최소도덕으로서 공정성을 구체화하는 해석과제

이상의 논의에서 다음과 같은 점이 분명해진다. 첫째, 주가조작의 불법이 형사불법이 되기 위한 근거는 행위자의 인격적 차원에 있지 않고, 행위가 증권시장의 구조에 대해 미치는 영향이 시장의 기능을 위태화하는 데에 있다.

> [주가조작죄의 보호법익논쟁] 주가조작죄의 보호법익이 증권시장의 기능보호와 투자자보호 가운데 어느 것이 더 우월한 것인가의 문제에 관하여 특히 독일에서는 증권시장의 기능보호를 우선시키는 견해[25]와 투자자보호를 우선시키는 견해[26]가 첨예하게 대립한다. 우리나라에서는 양자가 대등한 것으로 보는 견해도 있다.[27] 이런 논란은 형법이 증권시장의 기능과 같은 보편적 법익을 보호하는 데 적합한가 하는 형

---

25) 대표적으로 Alexandra, Schmitz, "Aktuelles zum Kursbetrug gemäß §88 BörsG", *wistra* (2002), 211쪽; 지유미, *증권시장의 공정성 실현을 위한 형법정책의 방향* (고려대 석사학위논문, 2006), 6~7쪽 참조.

26) 대표적으로 Alexander Worms, *Anlegerschutz durch Strafrecht* (1987), 259~266쪽; 우리나라에서도 김건식, *증권거래법* (두성사, 2004), 40쪽; 임재연, *증권거래법* (박영사, 2006), 3쪽; 자본시장법도 투자자보호의 공백을 제거하는 기획을 좇는다고 보는 안수현, "불공정거래행위 규제법의 새로운 전개 -자본시장 및 금융투자업에 관한 법률(안)의 불공정거래행위 규제를 중심으로-", *BFL* (제22호, 2007), 42~61쪽.

27) 임철희, *시세조종행위의 형법적 문제에 관한 연구* (형사정책연구원, 2002), 122~127쪽 참조.

법이론적, 형법정책적 근본관점의 대립을 배후에 두고 있다. 투자자보호설은 형법의 임무를 인격적 법익의 보호에 국한시키고, 기능보호설은 형법의 임무를 현대사회의 다양한 보편적 법익의 보호에 확장시키는 이론적 정책적 근본관점에 서기 쉽다. 그러나 자본시장법상의 주가조작죄를 투자자보호를 우선시키는 법제로 보면 증권형법은 오히려 무분별하게 확대되고, 법치국가적 원칙을 깨뜨리기 쉽다. 자본시장법의 기능을 고려할 때 주가조작죄는 자본시장의 (공정한 가격결정)기능을 보호하기 위한 것으로 보되, 그 성립요건을 형법상의 기본원칙들(책임원칙, 명확성원칙, 비례성원칙)을 최대한 충족하는 방향으로 엄격하게 해석하는 것이 바람직하다.

둘째, 여기서 시장기능의 위태화가 주가조작죄의 형사불법으로 구성되려면 — 목적조항에 숨어 있는 심정윤리가 아니라 — 보편적 도덕과 관계되어야 한다.

셋째, 그런 도덕은 본질적으로 도덕적일 수 없는 자본시장이 사회적 통합을 달성하기 위해서 갖추어야 하는 최소한의 도덕성[28]인 공정성(Fairness)을 의미한다.

가령 현실거래에 의한 주가조작죄(유형 ⓑ)는 공정거래법상 독과점시장에서 시장지배력을 남용하는 행위와 유비적인 성격의 불법을 가질 때 비로소 성립한다고 보아야 한다.[29] 허위정보의 사용이나 위계 등의 사술(詐術)을 사용한 주가조작죄들(유형 ⓐⓒⓓⓕ)도 시장에 대한 사기(Fraud)로서 사기죄의 불법과 같은 것이 아니라 오히려 더 중한 불법을 근거지을 수 있을 때에만 비로소 성립할 수 있다.

---

28) 이 도덕성은 윤리경영의 핵심표지와도 같다고 할 수 있다. 이에 관해 자세히는 이상돈, *윤리경영과 형법* (신영사, 2005) 참조.

29) 그러므로 현실거래에 의한 주가조작죄가 비범죄화 되어야 하는지는 공정거래법상의 독과점지위 남용죄가 비범죄화 되어야 하는지에 대한 판단과 평행선을 달리게 된다. 이에 관해 자세히는 이상돈, "공정거래질서와 형법정책", *법제연구* (통권 제25호, 2003), 167~195쪽 참조.

여기서 어떤 요건 아래서 그런 불법이 구성되는 것인지가 문제로 남는다. 이는 주가조작죄의 요건을 그토록 무거운 법정형에 비례적인 중한 불법을 구성하도록 재해석하는 과제이다. 아래(III)에서 이를 다룬다.

III. 주가조작죄의 요건 재구성

앞서 해명한 주가조작의 일탈행위적 구조를 바탕으로 보면 주가조작의 불법을 사기죄해석론의 도그마에 갇힌 채 구체화한 3가지 요건은 다음과 같이 해체적으로 재구성되어야 한다.

【사시죄】		【주가조작죄】
① 허위정보의 창출	→	① 불공정한 시장 참여
② 투자판단의 그르침	→	② 정보권침해를 통한 투자유인과 투자유발
③ 인위적인 증권가격의 형성	→	③ 증권시장의 가격결정메커니즘의 왜곡

여기에 더하여 주가조작죄는 대부분 목적범으로 구성되어 있다. 이 목적의 개념은 앞에서 나쁜 심정의 함의로써 사용된다고 했다. 아래서는 이런 나쁜 심정은 비합리적 경영으로 재해석될 것이다.

1. 불공정한 시장 참여

먼저 어떤 유형에서든 주가조작죄가 성립하려면 ① 불공정한 ② 시장참여가 있어야 한다. 이러한 불공정성의 요청은 주가조작죄의 구성요건인 제176조가 속한 제2장이 속한 제4편의 표제가 불공정거래의 규제인 점에서도 확인된다.

(1) **시장참여** 아무리 주가형성에 기여하는 불공정한 행위라 할지라도 주가조작죄가 성립하려면 증권시장에 대한 참여가 있어야 한다.

1) **거래 또는 그와 관련한 행위** 자본시장법은 참여를 "거래(去來)"(행위) 개념으로 표현한다. 매매는 거래의 대표적인 경우이지만 매매가 아닌 기타 거래(예: 매매의 위탁, 수탁) 더 나아가 '거래와 관련한 행위'(예: 거짓정보의 유포행위나 위계행위)까지 주가조작행위의 유형이 될 수 있다. 예를 들어 미래의 영업실적이나 경영확장에 대한 예측정보를 제공하는 행위도 주가조작죄의 실행행위가 될 수 있다. 참여는 꼭 증권거래(또는 그와 관련한 행위)를 '직접'하는 것을 의미하지는 않는다. 더 나아가 주가조작에 해당하는 증권거래(또는 관련행위)를 교사하거나 방조하는 경우도 포함된다.

2) **참여자 역할의 수행** 거래나 그와 관련한 행위가 주가조작죄의 요건으로 시장참여가 되려면 증권시장에 대해 '관찰자'(Beobachter)의 역할이 아니라 '참여자'(Teilnahmer)의 역할을 수행하는 것이어야 한다.

(가) **관찰자로서 애널리스트의 분석** 예컨대 증권 애널리스트의 잘못된 시황분석이나, 특정 종목이나 그 군의 시세변동에 대한 빗나간 예측은 주가조작행위에 해당하지 않는다. 그것은 그런 예측과 분석의 행위가 허위정보를 시장에 밀어 넣는 것이 아니거나 거래와 관련된 행위가 아니기 때문이 아니다. 그보다는 시황분석에서 애널리스트들은 시장참여자의 역할을 떠맡는 것이 아니라는 점에서 주가

조작범이 되지 않는 것이다. 그들은 단지 증권시장의 관찰자로서 행위하는 것이며, 투자자들도 바로 그렇기 때문에 시황분석의 오류에도 불구하고 그들에게 법적 책임을 귀속시키지 않는 것이기도 하다.

(나) 시장참여가 되는 애널리스트의 분석

ㄱ) 숫자에 의한 전망 물론 애널리스트의 시황분석이 예컨대 '전반적인 전망을 진술'하는 수준을 넘어서 '숫자로 구체화된 예측'을 내놓는 경우[30]에 그의 역할은 관찰자에서 '참여적 관찰자'(teilnehmender Beobachter)로 바뀐다고 볼 수 있다.

ㄴ) 스캘핑 또한 시황분석으로 매수추천을 하여 투자자의 관심을 끈 뒤 자신은 곧이어 매도하는 경우(이른바 scalping)에는 숫자로 구체화된 예측이 아닌 시황분석도 시장참여로 볼 수 있다. 이런 경우들에 있어 시황분석행위는, 주가조작죄의 다른 요건이 충족된다면, 그 자체로서 주가조작행위가 될 수 있다. 스캘핑은 독일증권법(Börsengesetz) 제20조a와 그 시행령 제4조(§4 MaKonV)에서 명문으로 규율되고 있기도 하다. 그러나 스캘핑이 주가조작죄에 해당하려면 아래서 설명하듯 주가조작죄의 두 번째 요건인 투자유발효과가 있어야 하는데, 통상적으로는 그런 효과가 미미하다. 심지어 증시에서는 애널리스트의 분석전망대로 투자하면 실패하고, 때로는 심지어 반대로 투자해야 한다는 인식도 상당히 퍼져 있다. 그러므로 주가조작죄의 두 번째 요건(투자유발효과)을 충족하기 어렵다.

물론 스캘핑은 우리나라 자본시장법 제178조 제1항 1호에 "기교

---

30) 이 구별은 SEC Rule 10b-5 증권사기(securities fraud)의 적용과 관련하여 미국 법원이 행한 것인데, 전반적으로 낙관적인 진술((generally optimistic statements)은 법적으로 중요하지 않지만, 숫자화된 구체적 예측(numerically specific predictions)은 증권거래법위반이 문제될 수 있다고 한다(자세히는 Amchen/Cordova/Cicero, *Securities Fraud*, 39 American Criminal Law Review 2002, 1044쪽 참조).

를 사용하는 행위"에 해당할 수 있다. 그러나 뒤에서 설명하듯이 부정거래행위죄도 법정형이 주가조작죄(제176조)와 법정형이 같다는 점에서 부정거래행위죄의 적용은 구체적인 사안에서 이례적인 투자유발효과가 입증된 경우에 한정하여 적용되어야 한다고 본다.

(2) **불공정성** 시장참여가 주가조작이 되려면 그 참여가 불공정한(unfair) 것이어야 한다. 이를 종래 법률해석학은 허위정보의 창출로 이해하였다. 그러나 허위정보의 창출은 실체적 요건이 아니라 불공정한 증권참여행위 가운데 단지 '일부'만 갖는 '속성'에 불과하다. 예컨대 통정매매(matched orders)나 가장매매(wash sales), 시장조작의 유포(제176조 제2항 2호)나 허위표시 또는 오해유발표시(제176조 제2항 2호), 더 나아가 위계나 부실표시문서의 사용(제178조 제1항 2호)은 넓은 의미에서 증권시장에 허위의 투자정보를 밀어 넣는 특성을 띠고 있다.

1) 필요 · 충분조건이 아닌 허위정보의 창출 하지만 허위정보의 창출은 주가조작죄의 필요조건도, 또한 충분조건도 아니다.

㈎ 허위정보창출 없는 주가조작 먼저 허위정보의 창출은 주가조작죄의 필요조건이 아니다. 이를테면 현실거래에 의한 주가조작(유형 ⓑ)이나 탈법적인 시세안정행위(유형 ⓔ)는 허위정보를 창출하는 행위는 아니면서도 주가조작죄의 한 유형이 되고 있기 때문이다.

ㄱ) 외관상의 허위정보 창출 물론 현실거래의 주가조작죄는 현실거래가 거래의 성황을 "잘못 알게"(誤認) 하거나 시세를 변동시키는 것일 때에 국한된다는 점에서 부분적으로는 허위정보의 창출이라는 성격을 띤다고 볼 수도 있다. 그러나 여기서 허위정보의 창출은 판례가 동죄(제176조 제2항 1호)의 목적조항을 해석할 때 밝히고

있듯이 "인위적인 조작을 가하여 시세를 변동시킴에도 불구하고, 투자자에게 그 시세가 유가증권시장에서의 자연적인 수요·공급의 원칙에 의하여 형성된 것으로 오인시키"[31)]는 측면에 관계한다.

ㄴ) 실질적인 주가형성력 　여기서 현실거래에 의한 주가조작죄의 법문에 규정된 "잘못 알게"의 개념은 통상적인 경우보다 훨씬 — 인위적이라고 표현할 정도의 — 강력한 주가형성력을 가리킬 뿐임을 알 수 있다. 만일 이를 두고 거짓정보의 창출이라고 말한다면 통상적인 증권거래가 모두 허위정보를 창출한다고 말할 수 있을 것이다. 왜냐하면 적은 규모의 통상적인 증권거래도 — 마치 나비효과(The Butterfly Effect)[32)]처럼 — 우연히 급격한 주가변동의 계기가 되는 경우가 적지 않고, 언제 그런 계기가 되는지도 예측할 수 없는 것이 증권시장의 일반적인 속성이기 때문이다.

(나) 주가조작이 아닌 허위정보창출 　다른 한편, 허위정보의 창출은 주가조작죄의 충분조건도 아니다. 왜냐하면 주가조작죄에 해당하지 않는 행위도 허위정보를 창출할 수 있는 반면, 허위정보를 창출하지 않는 증권거래행위도 주가조작죄에 해당할 수 있기 때문이다.

ㄱ) 허위정보창출의 외관이 없는 통정매매나 가장매매 　첫째, 외관상으로는 허위정보의 창출이 드러나지 않는 통정매매(제176조 제1항 1, 2호)나 가장매매(3호) 및 그런 행위의 위탁이나 수탁(4호)도

---

31) 대판 2003.12.12, 2001도606; 2002.7.26, 2001도4947; 2002.6.14, 2002도1256; 2001.6.26, 99도2282 등 참조. 이 판시부분은 목적조항을 해석한 것이지만 현실거래에 의한 주가조작죄의 목적조항은 고의의 내용을 서술하고 있는 것에 불과하며, 따라서 이 판시부분은 "오인"과 관계되는 '거짓정보의 창출'을 설명하고 있는 것으로 이해할 수 있다. 다만 이 판례는 구 증권거래법상 제188조의4 제2항 제1호에 대해서 내린 것임에 주의.

32) 나비효과(The Butterfly Effect)란 미국의 기상학자 에드워드 로렌츠(Edward Lorentz)가 1961년 생각해낸 이론으로서 '중국 북경에 있는 나비의 날갯짓이 미국 뉴욕에서 허리케인을 일으킬 수도 있다'는 내용이다.

'실질적으로는' 거짓된 정보를 시장에 내놓는 행위로서 주가조작으로 취급된다.

ㄴ) 합법적인 허위정보창출로서 자전거래 허위정보를 창출하지만 주가조작으로 취급되지 않는 거래로 기관투자가들의 시간 외 매매에 이용되는 '합법적인' '자전거래'(cross trading)를 들 수 있다. 이는 증권회사가 중개하여 거래상대방인 투자자들 간에 같은 종목, 가격, 수량으로 이루어지는 매매로서 허위정보를 창출하지만, 합법적인 거래가 된다.

2) 불공정성의 불법유형 그러므로 허위정보의 창출은 주가조작행위의 구성적 요소가 아니라 단지 불공정하게 시장에 참여하는 행위양태(Handlungsmodus)의 한 가지 유형으로 이해하여야 한다. 불공정성(unfairness, unredlichkeit) 개념은 '가치충전을 필요로 하는 불확정 개념'(wertausfüllungsbedürftiger Begriff)이다. 따라서 그 개념은 허위정보의 창출에 국한되지 않고, 다양한 방식으로 충족될 수 있다. 그 개념은 규범적 또는 ㈎ 도덕적 내용으로 채워질 수도 있지만, ㈏ 사실적 또는 경제적 · 정책적 내용으로 채워질 수도 있으며, ㈐ 절차주의의 방식으로 채워질 수도 있다.

㈎ **반도덕적 행위표지** 첫째, 현행 자본시장법은 실제로 주가에 어떤 영향을 미치는지를 불문하고, 반(反)도덕적(unmoral) 요소가 내재해 있는 거래행위를 불공정한 거래행위로 구성한다.

ㄱ) 반도덕적 시세조종 예컨대 허위표시 등은 형법전에서 불법의 표지로 널리 사용하는 반도덕적 행위표지이며, 통정매매도 민법(제108조)[33]에서 사용되는 반도덕적 행위표지의 전형적인 경우

33) 형법전이나 민법전은 근대시민사회의 기초적인 도덕을 제도화한 법률(이에 관해 이상돈, *법학입문*, 2005, 95쪽 아래)임을 염두에 둘 필요가 있다.

에 속한다. 그런 표지를 갖고 있는 증권거래는 바로 그 표지에 의해 불공정한 거래로 근거지어질 수 있다.

[허위표시와 위계사용의 구분] D캐피탈의 대표이사 甲은 차명(乙의 명의)으로 146만주를 보유한 H회사를 20억원을 차입하여 총 55억원에 인수하였고, 이사회를 개최하여 정관에 정보통신 및 인터넷 관련 사업을 추가하는 결의를 하게 하였으며, 이에 관한 주총의 승인도 받았으며, 적법하게 공시도 이루어졌다. 그런데 甲의 이러한 일련의 행위는 정보통신사업을 할 준비와 능력도 없음에도 이 당시 주식시장의 테마를 형성하고 있던 A&D(인수 후 개발) 및 정보통신관련 사업체의 주식에 대한 일반 투자자의 높은 관심을 얻어내기 위한 것이었다. 또한 甲은 경제일간지에 이런 내용을 기사화 되도록 함으로써 마치 H회사가 A&D를 본격화하여 향후 지속적인 투자가 진행될 것처럼 오해하게 만들었다. 언론보도가 이루어진 후 H(주)의 주가가 이틀 연속 상한가를 기록하자 바로 전량 매도하여 약 30억원의 이익을 취득하였다. ① 판례는 甲의 행위가 허위·오해유발표시의 주가조작죄에 해당하는지에 관하여 "허위사실을 유포하거나 허위의 표시를 하였는지 여부는 공시내용 자체가 허위인지 여부에 의하여 판단하여야 할 것이지 피고인이 실제로 정보통신관련 등 사업에 투자를 할 의사와 능력이 있었는지 여부에 의하여 판단할 것은 아니라고 할 것인바,……피고인이 처음부터 정보통신관련 등 사업에 투자를 할 의사와 능력이 없었다거나 공시를 한 후 실제로 정보통신관련 등 사업을 추진하지 아니하였다 하더라도, 위 사실을 공시하거나 기사화한 것이 허위사실을 유포하거나 허위의 표시를 한 것으로 볼 수는 없다"[34]고 보았다. ② 그러나 甲에게는 현행 자본시장법 제178조 제2항(거래를 할 목적이나 그 시세의 변동을 도모할 목적으로 풍문의 유포, 위계의 사용, 폭행 또는 협박을 하는 행위)의 부정거래행위죄가 성립할 수 있다. 정보통신관련 사업에 투자할 의사와 능력이 없는데도 그럴 것처럼 보이게 만들었다면 허위'표시'는 아니지만 (또한 기망에는 해당하기 어렵지만) 위계의

34) 대판 2003.11.14, 2003도686.

사용에는 해당하기 때문이다.

ㄴ) 약한 반도덕적 행위로서 부정거래행위　부정거래행위죄(유형 ⓖ)의 행위양태도 반도덕적인 성격을 띤다. 부정한 수단, 계획, 기교 사용, 중요사항 기재·표시 누락문서 사용, 풍문유포 위계사용, 폭행·협박 등이 그러하다. 다만 이 반도덕적 행위양태는 시장의 기능에 대항해 있는 것이기는 하지만, 그 시장기능이 간접적으로 보호하는 투자자의 재산영역에 직접 침범해 들어가지는 않기 때문에 그 반도덕성이 약화되어 있다고 볼 수 있다.

(나) 시장지배와 주가결정력　둘째, 행위 자체에 반도덕적 표지가 포함되어 있지 않더라도 거래가 경제학적 관점에서 볼 때 사실상 시장의 불공정성을 가져오거나 그럴 위험을 가져오는 경우가 있다. 예컨대 현실거래의 주가조작죄(유형 ⓑ)에서 "시세를 변동시키는 매매 또는 그 위탁이나 수탁을 하는 행위"(제176조 제2항 제1호)는 그 자체로서는 반도덕적 표지를 갖고 있지 않다. 그러나 이런 거래가 시장에 대해 갖는 효과(market impact)가 지나치게 커서 증권시장을 경쟁적 시장에서 '독·과점시장'이나 그에 근접한 시장으로 변질시켜 버릴 위험이 있을 수 있다.[35)]

ㄱ) 시장지배력으로서 불공정성　독·과점시장이 시장의 공정성을 해치듯, 그런 증권거래도 공정성을 해치는 것이며, 시장지배력의 남용(공정거래법 제3조의2, 제66조 제1항 제1호)이 금지되어야 하듯 그런 증권거래는 규제되어야 하는 것이다. 물론 공정거래법에서

35) 그러므로 "시세를 변동"시킨다는 것은 모든 증권거래에 있는 주가형성력이나 조종의 수준을 넘어 조작(앞의 II.2. 참조)으로 평가될 만큼의 강력한 주가형성력, 즉 주가결정력을 가지는 것을 뜻한다. 그 경우 증권거래는 가격을 형성하는 시장참여행위에서 벗어나 가격을 결정하는 시장지배행위가 되고, 증권거래의 시장에 대한 효과는 그냥 효과가 아니라 충격(impact)이라고 부를 만하게 된다.

는 시장지배력 그 자체가 불공정성을 이루지는 않는다. 우리나라 공정거래법은 독과점시장 자체의 형성을 규제하는 입법태도(원인규제주의)를 취하지 않고 단지 그 남용을 규제하는 입법태도(폐해규제주의)를 취하고 있기 때문이다. 이에 비해 자본시장은 실물경제와는 다른 특성들, 이를테면 가격의 빠른 등락, 심리적 요인의 중요성, 소액투자자에 대한 보호가 시장유지의 필수적 요인이라는 점 등을 고려할 때 실물경제에서 독과점지위와 유사한 지배력을 형성하는 것을 불공정하다고 볼 필요가 있는 것이다. 바꿔 말해 증권시장에서는 누구도 주가를 결정할만한 사실상의 힘을 갖지 않아야 한다는 '보이지 않는 신사협정'(unseen gentleman's agreement)이 있다고 보아야 한다.

ㄴ) 이중적 불공정성 증권거래의 불공정성은 반도덕적 표지와 시장지배력이 결합됨으로써 발생하기도 한다.

(a) 비도덕적 시장지배 예컨대 처음부터 계획하여 허수주문으로 매수세를 유도한 뒤, 기존의 보유주식을 매도하고 매수주문도 취소하는 행위의 경우를 들 수 있다. 이때 허수주문 뒤 취소하는 부분은 비도덕적인 행위요소이고, 그런 허수주문을 통해 매수세를 급격하게 끌어올려, 즉 강력한 주가형성력을 가짐으로써 차익을 실현하는 것은 시장지배자와 유사한 지위를 남용하는 것에 해당하기 때문이다. ① 판례는 이런 행위를 현실거래에 의한 주가조작으로 본다. ② 그러나 그런 해석은 유추금지원칙에 위반되기 쉽다. 그보다는 가장매매(제176조 제1항 3호)의 확장해석을 통해 그와 같은 행위를 주가조작으로 다룰 수 있다고 본다.

[허수매수주문과 가장매매의 주가조작] 甲은 자신이 주식을 매입한 다음 그 매입한 주식을 고가에 매도하여 차액에 따른 이익을 얻을 목적으로 단일하고 계속된 범의 하에 2000. 8. 1.경부터 2001. 2.

1.경까지 사이에 실제 매수의사가 없는 대량의 허수매수주문을 내어 매수잔량을 증가시키거나 매수잔량의 변동을 심화시켜 일반투자자의 매수세를 유인하여 주가를 상승시킨 후 매수주식을 고가에 매도하고 허수매수주문을 취소하는 동일한 방법으로 합계 7,542회에 걸쳐 168개 종목에 관하여 시세조종행위를 하였다. 甲의 총 매도금액은 금 24,879,623,980원이고 총 매수금액은 금 24,702,867,360원으로서 거래비용을 감안하지 아니한 시세차익은 합계 금 176,756,620원이지만, 여기에서 거래비용{매수수수료(0.028%), 매도수수료(0.028%), 증권거래세(0.3%)} 합계 금 88,521,970원을 공제하면 순매매차익은 합계 금 88,234,650원이다. ① 판례는 甲의 매매거래는 매매거래를 유인할 목적에서 이루어진 것으로서 현실거래에 의한 시세조종행위에 해당한다고 보고, 甲의 개별거래행위는 포괄하여 1죄를 형성하며, 3배 벌금형을 부과할 때 그 기준은 176,756,620원이 아니라 88,234,650원이 된다고 보았다.[36] ② 그러나 처음부터 허수매수준문을 계획했으면 가장매매의 주가조작죄가 성립한다고 봄이 타당하다.

(b) 사후적인 허수매수주문 이에 비해 허수매수주문이 행위시점에서 사전적으로(*ex ante*) 이루어진 것이 아니라 결과적·사후적으로(*ex post*) 그렇게 된 것일 뿐인 경우는 이와 다르게 취급해야 한다. 예컨대 주문 후 전광석화와 같이 시장상황이 급박하게 변하거나 그에 민감한 데이트레이더들의 매도세가 급증할 때 곧바로 취소하는 행위는 가장매매로 확장해석할 수 없다. 이런 행위유형을 주가조작으로 포섭하려고 한다면, 현실거래에 의한 주가조작죄(제176조 제2항 1호)를 적용할 수밖에 없을 것이다. 그러나 이 포섭은 형법외의 제재사유로 사용할 때에는 문제가 없지만 형벌을 부과하기 위한 요건사실로 사용할 때에는 '확장해석'을 넘어서는 금지된 유추의 혐의를 피할 수 없다. 따라서 이런 행위는 구성요건(제443조 제1항 4

36) 대판 2002.6.14, 2002도1256.

호, 제176조 제2항 1호)에 해당하지 않는다. 또한 설령 해당한다고 하여도 사회상규에 위배된다고 보기 어려우므로 그 위법성이 조각된다고 보아야 한다.

(다) **절차위반의 불공정성** 불공정성의 표지는 절차적으로 채워지기도 한다. 도덕적 표지를 존재론적으로 확정하기도 어렵고, 시장에 대한 효과도 불확실하지만 시장의 기능을 유지·향상시키기 위한 정책적 관리가 요구되는 영역에서 특히 그러하다.

ㄱ) 주가안정화의 법정절차 위반 예컨대 주가안정화를 위한 거래행위도 위임입법(법 제176조 제3항 및 법시행령 제203, 제205조)이 정한 주체, 장소, 기간, 가격제한, 결과보고서제출, 공시 등에 관한 요건(절차적 조건)을 충족하지 않을 때에만 불공정거래가 된다.

ㄴ) 사업설명서의 법정절차 위반 또한 사업설명서 등에 기재한 예측정보가 법이 정한 일정한 절차적 조건들(① 예측정보임을 명시, ② 예측의 판단근거 명시, ③ 합리적 근거에 기초한 성실기재, ④ 예측치와 결과치가 다를 가능성에 대한 주의문구 명시)을 충족하는 경우에만 배상책임을 지지 않도록 한다(법 제125조 제2항). 이는 그런 절차적 조건을 충족하지 않는 예측정보의 기재행위는 불공정한 시장참여에 해당함을 의미한다.

2. 투자유인효과와 투자유발효과

불공정한 시장참여가 주가조작이 되려면 다른 투자자를 유인(induce, mislead[37])하여 투자를 하게 만드는 효과를 가져야 한다.

---

37) Santa Fe Industries, Inc. v. Green, 430 U.S. 462(1977); Thel, *Regulation of Manipulation under Section 10(b): Securities Prices and the Text of the Securities Exchange Act of 1934*, 1988 Columbia Business Law

(1) **투자유인의 의미** 이 투자유인은 사기죄에서 말하는 착오(Irrtum)와 (기망행위와 착오 및 재산처분행위 사이의) 인과관계(Kausalität)를 전제로 하지 않는다. '사람은 말을 시작하기만 하면 언제나 착오를 한다'는 괴테(Goethe)의 말은 증권시장에 딱 들어맞는 말이다. 주가조작의 요건사실을 구성하는 불공정한 증권거래에서만이 아니라 모든 종류의 증권거래에서 사람들은 일상적으로 착오를 한다. 예컨대, 아직은 합법적인[38] 거래행위의 하나인 데이트레이딩을 통한 초단타매매행위(예: 예를 들면 500억의 주식형 수익펀드를 운영하는 투자신탁의 펀드매니저가 H기업의 주식을 한번에 1만주 정도 이상씩, 약 5억원 이상씩 하루에 수십 차례 이상 반복적으로 집중 매도하고 다시 매수하는 거래를 하는 경우)에 의해 평균적인 거래폭을 상회하고, 거래량과 매매회전율도 상당히 증가되는 경우[39]에 다른 거래자들은 거래가 성황을 이룬다고 판단할 수 있다.

1) **투자의 인과적 결정과의 구별** 하지만 모든 투자실패에 사전적으로든 사후적으로든 관측될 수 있는 착오의 현상은 사기죄의 귀속요건으로서의 착오와는 다르다. 투자를 결정하는 정보는 매우 다양하고, 불공정 증권거래가 창출하는 정보는 수많은 정보 가운데 단지 하나에 불과하기 때문에 착오를 인과적으로 초래한다고 말할 수 없다.

Review 1988, 410쪽.

38) 다만 초단타매매가 거래량과 주가를 급변시킴으로써 공정한 거래질서가 문란해질 수도 있으므로 장기적으로는 일정한 규제가 필요함을 주장하는 견해로 임재연, *증권거래법* (2002), 449쪽 각주 131 참조.

39) 하지만 데이트레이딩이 주가의 변동성, 유동성, 주가수익률에 유의적인 영향을 미치는 것은 아니라고 본다. 이에 대해 차원철, *당일매매(Day Trading)의 현황 및 시장영향분석* (2000), 1~13쪽; 한국증권업협회, *데이트레이딩과 주가변동성 관계연구결과* (2000), 1~11쪽.

2) 투자정보권침해로서 투자유인 하지만 불공정 시장참여가 인과적으로 야기하는 것이 있다면 그것은 투자정보권(의 완전성)의 침해이다. 투자정보권이 침해되면 투자가 잘못 이루어질 수 있고, 그 한에서는 적어도 관념적으로는 투자유인효과(거래유인효과)가 있었다고 말할 수 있다. 바꿔 말해 불공정한 증권거래가 야기하는 투자유인효과란 정보지배권(의 완전성)의 침해에서 그 최소한을 발견할 수 있다.

(2) **투자유발효과와 투자실패효과** 여기서 투자유인효과와 투자유발효과(거래유발효과) 그리고 투자실패의 효과가 구분될 필요가 있다.

1) 투자실패효과 먼저 투자실패효과는 투자자들이 실제로 손해를 입게 되는 결과를 말한다. 이런 투자자들의 실제 손해는 민법적으로는 배상책임이 인정되는 손해의 범위 문제를 가져오고, 형법적으로는 투자자의 실제 손해발생을 주가조작죄의 객관적 처벌조건으로 구성할 수 있다. 그러나 투자자 손해가 모두 정보권침해로서의 투자유인행위에 귀속될 수는 없다.

투자실패의 결과는 민법적으로는 정보권침해라는 1차손해로부터 파생되는 후속손해(또는 부가적 손해, zusätzliches Risiko)에 해당되는데, 이 손해는 불공정한 증권거래와의 '위험성관련성'이 인정될 때에만 불공정한 증권거래행위에 귀속될 수 있다. 민법학계에서는 이 위험성관련성을 너무 쉽게 널리 인정하는 경향이 있는데, 투자실패의 손해는 불공정한 증권거래행위자의 입장에서 보면 특별손해(제763조, 제393조 제2항: "특별한 사정으로 인한 손해는 채무자가 그 사정을 알았거나 알 수 있었을 때에 한하여 배상의 책임이 있다")에 해당한다고 보아야 한다. 민사상 특별손해를 귀속시킬 수 있는 경우는 불공정한 증권거래행위가 투자를 '유인'한 수준을 넘어서 투자를 '유발'(cause)시켰다고 말할 수 있는 경우이어야 한다.

2) 투자유발효과 투자정보를 잘못 획득하게 되면 투자자들은 그렇지 않은 경우에 비해 더 투자를 하게 되거나 덜 하게 될 수 있다. 이런 현상은 불공정한 거래행위가 있은 이후에 주식거래의 량과 횟수, 시세의 변동폭과 속도 등을 면밀히 통계학적으로 분석해보면 확인이 될 수 있다. 이렇게 통계학적으로 확인되는 거래의 이례적 변동을 투자유발이라고 할 수 있다.

(가) 형사책임의 기본전제로서 투자유발효과 투자유발의 경우에 불공정한 증권거래는 그 반도덕적 성격이 한층 더 높아진다고 할 수 있다. 현행 증권거래법상의 주가조작죄는 — 적어도 운영현실에서 보면 — 투자유인의 경우와 투자유발의 경우를 모두 포괄하지만 후자를 기본형으로 삼는다고 평가할 수 있다. 이와 같은 투자유발효과가 있을 때 비로소 자본시장의 가격결정메커니즘이 감지할만한 수준으로(spürbar) 건드려질 가능성이 발생한다. 따라서 주가조작의 형사책임은 투자유인이 투자유발의 단계에 이르렀을 때 인정되어야 한다.

(나) 민사책임의 기본전제로서 투자유인효과 이에 비해 민사책임의 기본적인 손해개념은 투자유인효과를 기준으로 설정할 수 있다. 투자유발효과는 후속손해의 배상범위를 결정한다. 미국연방증권법상의 시장에 대한 사기(fraud)[40]는 투자유발보다는 투자유인을 기본형으로 삼는다고 볼 수 있는데[41] 이는 민사책임의 기본형에 적합한

40) 1934년 증권거래법 Section 10(b) 및 SEC Rule 10b-5.
41) 다만 미국은 1995년 증권민사소송개혁법(Private Securities Litigation Reform

것이다. 미국법의 영향을 직접적으로 받은 부정거래행위죄(유형 ⓖ)나 탈법적 시세안정(유형 ⓔ)도 투자유발보다는 투자유인효과가 기본형이 되어 있다.

3) 인식 필요성 이렇게 투자유발효과와 투자실패효과를 구별할 때, 주가조작죄의 고의는 투자유인 및 투자유발효과에 대한 인식을 필요로 한다. 이에 반해 투자실패효과, 즉 투자자가 실제 손해를 입게 된다는 미래의 사실에 대한 확실한 인식은 주가조작죄 고의의 내용이 아니다. 그런 미래 사실의 확실한 인식은 객관적 처벌조건이 되는 사실에 속하고 이는 고의의 대상이 되지 않기 때문이다.[42]

3. 시장의 가격결정기능 왜곡

불공정하게 투자를 유인하는 증권거래는 증권시장의 정상적인 가격결정을 왜곡하는 것이어야 주가조작이 된다. 가격결정메커니즘의 왜곡은 단지 주가형성이 '인위적인' 것만으로는 부족하고 그런 인위적인 가격결정이 '불공정성'(unfairness, Unlauterkeit)을 띨 때[43] 비로소 인정될 수 있다. 이때 불공정성은 '실제적인' 것이어야 한다.[44]

Act of 1995)을 제정하였는데, 이 법에 의하면 거래인과관계(내가 말하는 투자유인효과)는 종전대로 피고가 입증책임을 부담하되, 손해인과관계에 대한 입증책임은 원고에게 지우게 되었다. 이 한에서는 시장사기이론이 부분적으로 약화되었다고 할 수 있다.

42) 이상돈, *형법강의* (법문사, 2010), §8-27.

43) 이를 시장가격에 불공정한 영향(unlautere Beeinflussung von Marktpreisen)이라고 표현하는 Schmitz, "Aktuelles zum Kursbetrug gemäß § 88 BörsG", *wistra* (2002/6), 133쪽.

44) 이런 입법조치를 한 독일 증권거래법(Wertpapierhandelsgesetz) §20a는 시세 및 시장조작행위가 실제로 가격에 영향을 미치지 않은 경우에는 질서위반범

그렇지 않은 경우에는 행정법적 제재(예: 주의, 경고, 임원징계요구, 영업소폐쇄, 영업정지, 유가증권발행제한 등)만을 가함이 적절하다. 이런 축소해석은 현실거래에 의한 주가조작에서 뿐만 아니라 통정, 가장매매에 의한 주가조작의 경우[45]에도 마찬가지로 적용되어야 한다.

(1) **반도덕적인 행위양태의 적성** 불공정성은 먼저 불공정거래행위의 반도덕적 성격에서 나오는 적성범의 속성일 수 있다. 시장의 가격결정메커니즘은 도덕적으로 일탈행위라고 볼 수 있는 증권거래(예: 유형 ⓐⓒⓓ 그리고 ⓖ)에 의해 구체적 추상적으로 위태화된다.

1) **반도덕적 행위양태의 주가조작** 이때 구체적 추상적 위험이란, 전통적인 추상적 위험 개념인 시장기능의 사유적인 침해가능성(즉 추상적 위해 abstrakte Gefährdung)[46]이 아니라, 실제적인 침해가능성이어야 한다. 즉, 반도덕적 행위양태가 반복하여 발생하고, 그 효과가 누적되면, 시장기능이 붕괴될 수 있는 적성이 있는 경우이어야 한다. 주가조작죄의 행위양태들, 이를테면 통정 · 가장매매, 시장조작유포, 허위 · 오해유발표시의 거래와 같은 반도덕적 행위양태는 그런 적성을 곧바로 인정할 수 있다. 이런 적성은 반도덕적 양태의 행위가 통계적으로 발생시킨다고 볼 수 있는 투자유발효과에 의해 '사실상 추정'될 수 있다.

2) **부정거래행위의 주가조작** 이에 비해 부정거래행위(제178

(Ordnungswidrigkeit)만을 인정하고(§39), 실제로 가격에 영향을 미친(auf den Preis...einwirkt) 경우에는 5년 이하의 징역 또는 벌금형에 처한다(§38, Abs.2).

45) 현재는 시세변동의 추상적인 가능성을 전제로 통정, 가장매매의 주문이 있을 때 이미 해당 주가조작죄의 기수가 성립한다고 주장된다(김정만, "시세조종행위의 규제", *증권거래에 관한 제 문제 [하]* (재판자료 제91집), 2001, 204쪽).

46) 추상적 위험의 개념에 관해서는 이상돈, *형법학: 형법이론과 형법정책* (법문사, 1999), 27~30쪽.

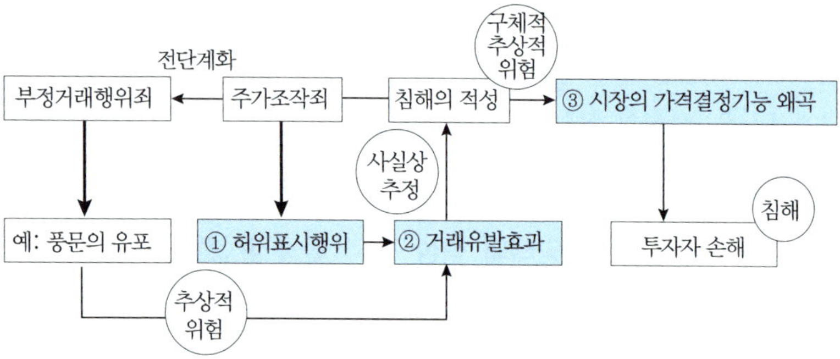

조)의 반도덕적 행위양태, 이를테면 부정한 수단, 계획 또는 기교[47]를 사용하는 행위, 풍문의 유포 등의 행위만으로 주가조작죄와 같은 법정형의 범죄가 성립한다고 보아서는 안된다.

(가) **과잉금지위반** 왜냐하면 부정거래행위죄는 부당이득취득과 같은 부정거래행위에 외재적인 목적조항도 없고, 지나치게 가벌성을 확장시킴으로써 "모든 거래 행위는 허용 또는 금지 여부가 불확실한, 잠재적 불법행위가 되는 것 아닌가"[48]라는 과잉처벌의 불안을 초래하기 때문이다. 미국의 포괄적 사기조항에 깊게 영향을 받은 부정거래행위죄는 과잉금지원칙에 위배된다고 볼 수 있다.

(나) **제한해석** 여기서 부정거래행위죄는 제한해석을 해야 할 필요가 인정된다. 이를테면 부정거래행위를 통해 실제로 정보권의 침해만으로 인정되는 '관념적인' '투자유인효과'로는 부족하고, '투자유발효과' 또는 적어도 '실제적인' 투자유인효과가 패턴분석을 통해 입증되어야만 비로소 주가조작죄와 동일한 법정형으로 처벌될 수 있

47) '기교'라는 특이한 문언의 내용으로 과당매매(Chunning), 스캘핑(Scalping), 선행매매(Front running)를 제시하는 최승재, "자본시장법상 불공정거래에 대한 규제", *한국금융법학회 2009년 하계 학술발표회* (2009.9.29.) 발표문, 26쪽 아래 참조.

48) 성희활, "사기적 부정거래에서 '위계'의 적용 문제", *증권법연구* (8권 1호, 2007), 81쪽.

는 부정거래행위죄의 성립을 인정하는 것이다.

그런 거래유발효과를 발생시켰는지는 ① 예컨대 기교(예: 스캘핑에서 애널리스트의 긍정적 전망)를 사용하거나 풍문을 유포한 이후 거래량이나 거래패턴의 변화나 주가변동폭 등을 고려하여 판단하여야 한다. 또한 ② 주식공모사기에서 허위기재의 사업설명서가 투자자가 공모주식을 매수하는 거래의 원인이 되었다는 점('실제적인 거래인과관계')을 입증하여야 한다.[49] 이처럼 부정거래행위가 주가조작행위와 같은 거래유인효과를 발생시켰다고 판단되면 그때 부정거래행위는 자본시장의 가격결정기능을 위태화하는 적성이 인정될 수 있고, 주가조작죄와 같은 법정형으로 처벌할 수 있게 된다.

[M&A 풍문의 유포에 의한 주가조작죄의 성립조건] A회사는 영국의 체신국 퇴직연금펀드(British Pension Scheme)를 운용하는 B가 100% 출자하여 설립한 투자목적법인이다. A회사의 대표 펀드매니저인 甲은 2003.11.5.부터 2004.3.2.일까지 S물산의 보통주 합계 7,772,000주를 A회사의 계산으로 매수하였고, 2004.3.3.에는 甲 자신의 계산으로 S물산의 우선주 8,300주를 매수하였다. 2004.3.8. 甲은 S물산의 홍보담당상무 乙에게 S물산이 보유하고 있는 S전자의 주식 매각, 우선주의 소각 등을 요구하고, 만일 요구사항이 받아들여지지 않을 경우에는 S물산에 대한 적대적 M&A 가능성이 있다고 말하였다. 또한 甲은 A회사의 수탁브로커인 D증권 런던 현지법인 직원 丙을 통하여 자신이 乙과 접촉한 사실과 요구사항을 H신문 기자에게 알려 보도하게 하였다. 2004.11.12. 甲은 보도자료를 통해 같은 내용으로 S물산에 대한 적대적 M&A 가능성을 경고하였다. 그러나 2004.11.26. S물산이 보통주 2.5%를 포함한 자사주 취득을 공시하였다. 이에 대응하여 甲은 2004.11.29. 최대일간지인 J일보 기자 丁과 전화인터뷰로

49) 이는 마치 사기죄의 요건 <기망→착오→재산처분행위→재산상 손해→재산상 이득>의 인과적 과정에서 <착오→재산처분행위>의 인과적 과정의 단락을 부정거래행위죄의 요건으로 추가해 넣는 것이라고 볼 수 있다.

같은 내용의 적대적 M&A를 할 가능성에 대해, 그리고 만약 소버린이 S물산에 대해 M&A를 시도한다면 경영진이 교체되지 않는 한 소버린을 지지할 것이라는 말을 하였다. 丁은 'S물산, 외국인에 M&A될 수도'라는 제목의 기사를 2004.12.1.에 내보냈다. 이 기사가 보도된 2004.12.1. S물산의 보통주 주가는 전일 15,300원에서 15,850원으로 상승했고, 거래량은 전일 1,845,605주에서 3,258,587주로 증가하였으며, 다음날인 2004.12.2. 주가는 다시 15,350원으로 하락하였고, 거래량은 3,341,687주로 증가하였다. 甲은 2004.12. 2. 丙에게 주가하락의 이유를 물은 뒤 앞으로의 부정적인 전망까지 들게 되자, 甲은 2004.12.3. A회사가 보유한 S물산 보통주 7,772,000주를 주당 평균 14,600원 정도의 가격에 시장에서 전부 매각하였고, 甲이 보유한 S물산 우선주 8,300주도 시장에서 전부 매각하였다. ① 주가가 하락하는 데도 주식 전량을 매각한 점을 보면 甲은 S물산을 M&A할 의사가 없다고 볼 수 있고, 그런 상황에서 매도 전 주가를 높이기 위해 J일보에 M&A설을 유포한 셈이다. 서울중앙지법은 구 증권거래법 제188조의4 제4항 제1호의 적용에서 甲의 행위는 "일반투자자로 하여금 위 기업의 주식을 매수하도록 유인하기 위한 기망행위에 해당하지 않는다"[50]고 보아 무죄를 선고했다. 그러나 당시 제1호의 "부당한 이득을 얻기 위하여 고의로 허위의 시세 또는 허위의 사실 기타 풍설을 유포하거나 위계를 쓰는 행위" 가운데 甲의 행위는 풍설을 유포한 행위에 해당할 수 있다. ② 현행 자본시장법상으로 적용이 검토될 수 있는 제176조 제2항 "그 증권 또는 장내파생상품의 매매를 함에 있어서 중요한 사실에 관하여 거짓의 표시 또는 오해를 유발시키는 표시를 하는 행위"에 해당할 수는 없다. 언론인터뷰에 의한 M&A설의 유포는 "표시"행위는 아니기 때문이다. ③ 하지만 甲의 행위는 문법적으로는 신설규정인 제178조 제2항의 "누구든지 금융투자상품의 매매, 그 밖의 거래를 할 목적이나 그 시세의 변동을 도모할 목적으로"하는 "풍문의 유포"에 해당할 수 있다. 그러나 풍문의 유포는 적어도 허위표시행위와 같이 거래 유발효과를 발생시켜야만 비로소 주가조작죄의 불법을 갖게 된다고

---

50) 서울중앙지법 2006.9.29. 선고 2006고합115 판결 참조.

해석하여야 한다. 甲의 인터뷰는 그다지 거래유발효과를 발생시키지 않은 것으로 보여서, 甲에게는 주가조작죄가 성립하지 않는다.

(2) **현실거래에 의한 시장기능왜곡의 개연성** 또한 거래행위의 양태에 반도덕적 요소가 없는 현실거래에 의한 주가조작죄의 성립요건으로서 시장기능의 왜곡, 즉 가격결정의 불공정성은 단지 인위적인 시세변동[51]으로만 이해되어서는 안 된다. 왜냐하면 현실거래의 주가조작은 허위·오해유발표시와 같은 반도덕적 행위양태의 주가조작에 비해서는 행위반가치의 측면에서 불법의 실질이 부족하기 때문이다. 이 행위반가치의 부족을 결과반가치의 측면에서 더 강화된 요구를 함으로써 메울 수 있을 때, 비로소 현실거래에 의한 주가조작도 허위·오해유발표시에 의한 주가조작행위와 같은 법정형으로 처벌할 수 있다.

1) **본질가치를 벗어난 가격형성의 개연성** 현실거래가 주가형성을 불공정하게 만들었다고 말할 수 있으려면 인위적인 주가형성을 넘어서, 주가형성이 그 주식의 "본질가치"(fundamental value)[52]로부터 벗어난 가격[53]을 형성시켰어야 한다. 그러므로 '정상가를 벗어난 가격'이란 개념은 충분하지 않다. 그런 개념은 불공정성의 단계에 이르지 않았지만 인위적으로 형성된 주가까지도 포함할 수 있는

51) 이런 입장으로 예컨대 Tiedemann, *Wirtschaftsstrafrecht und Wirtschaftskriminalität*, 2, BT, 1976, 140쪽.

52) Hennings/Marsh/Coffe/Seligman, *Securities Regulation: case and materials*, 8th ed., 1998, 4쪽.

53) 한국선물거래소법 제4조 제1항은 거래소를 "유가증권의 매매거래 및 선물거래에 있어서 공정한 가격의 형성"을 목적으로 설립된 기관으로 정의하고 있는데, 불공정성을 공정한 가격을 벗어난 가격으로 이해하면 선결문제요구의 오류(petitio pricipii)에 빠지게 된다. 인위적인 가격형성의 불공정성은 (불공정성이 해명되지 않고는 해명되지 않는) 공정성의 개념에 의존해 있기 때문이다.

개념이기 때문이다. 이런 불공정한 가격형성은 가격결정력을 독점 또는 과점할 정도의 (단기의) 대량거래(예: 유형 ⓑ) 또는 부당이득취득목적의 시세변동·고정죄(유형 ⓕ)에서 결과반가치를 구성하는 주가조작의 요건이 되어야 한다.

또한 판례는 현실거래에 의한 주가조작은 시세를 변동시킬 필요는 없고, 가능성이 있는 것으로 충분하다고 본다.

> "'유가증권의 매매거래가 성황을 이루고 있는 듯이 잘못 알게 하거나 그 시세를 변동시키는 매매거래'라 함은 본래 정상적인 수요·공급에 따라 자유경쟁시장에서 형성될 시세 및 거래량을 시장요인에 의하지 아니한 다른 요인으로 인위적으로 변동시킬 가능성이 있는 거래를 말하는 것일 뿐 그로 인하여 실제로 시세가 변동될 필요까지는 없고, 일련의 행위가 이어진 경우에는 전체적으로 그 행위로 인하여 시세를 변동시킬 가능성이 있으면 충분한데, 이상의 각 요건에 해당하는지 여부는 당사자가 이를 자백하지 않더라도 그 유가증권의 성격과 발행된 유가증권의 총수, 가격 및 거래량의 동향, 전후의 거래상황, 거래의 경제적 합리성과 공정성, 가장 혹은 허위매매 여부, 시장관여율의 정도, 지속적인 종가관리 등 거래의 동기와 태양 등의 간접사실을 종합적으로 고려하여 이를 판단할 수 있다."[54]

여기서 시세변동시킬 가능성은 시세변동시킬 구체적 추상적 위험으로서 '적성'의 수준을 넘어서 '현실적인' 개연성, 즉 구체적 위험이라고 이해되어야 한다.

2) 실물경제적 펀더멘틀 가치 그러면 본질가치란 어떤 것인가? 증권시장에서 기업의 '펀더멘틀'(fundamental)[55] 가치는 첫째, 실무경제에서 기업의 건실도(예: 매출액, 수익규모, 부채율)나 발전전망

54) 대판 2006.5.11, 2003도4320.

55) 국가경제의 펀더멘틀과 구분하여 한 기업의 펀더멘틀은 그 기업의 매출이나 순이익의 규모, 부채율, 성장전망치 등을 가리킨다.

에 대한 평가를 가리킬 수 있다.

> **[주가수익비율, 주당순자산가치]** 펀더멘틀 가치를 나타내는 지표로 첫째, 주가수익비율(PER Price Earnings Ratio)을 들 수 있다. PER은 주식 1주당 그 기업이 내는 순이익의 비율, 즉 PER= 주가(P)/EPS(주당순이익)이다. 가령 주가가 5만원인데 1주당 순이익이 1만원이면 PER= 5만원/1만원 = 5가 된다. 또 다른 지표로 1 주당순자산가치를 들 수 있다. 이는 자산총액에서 부채총액을 뺀 순자산가액을 발행주식총수로 나눈 수치이다. 현실거래가 주가조작이 되려면 이와 같은 펀더멘틀가치의 지표들이 가령 그 기업을 M&A하려고 할 때 적정 주당인수가격에 비해 현저히 높아야 한다.

그런데 이 평가는 관점과 이론에 따라 다르며 통일적인 평가치가 존재하지도 않는다. 그러므로 불공정한 가격형성 여부에 대한 판단은 관점과 이론에 따라 좌우되는 매우 불확실한 가능성 판단이라고 할 수 있다. 다만 불공정한 증권거래가 '모든 가능한 (서로 차이가 나는) 평가치를 현저히 넘어서는 주가'를 형성시켰다면 펀더멘틀 가치로부터 벗어난 주가형성이라고 비교적 명확히 말할 수 있게 된다.

> **[펀더멘틀 가치의 실현으로서 자기주식 취득소각]** 이런 펀더멘틀 가치의 개념은 현행법에 사용되고 있기도 하다. 어떤 기업의 1주당 펀더멘틀 가치가 2만원으로 평가되는데, 그 기업업종과 관계없는 투자심리의 위축 등으로 실제 주가가 1만원이라고 할 때, 그 기업은 1만원 저평가된 주가를 끌어올리기 위해 자기주식 취득계획을 공시하고 (이로써 예컨대 주가가 3,000원 상승했다고 가정), 주식을 대량으로 매입하여 소각함으로써 주가를 (예컨대 18,000원 정도로까지) 상승시켰다면 이 행위는 인위적으로 주가의 펀더멘틀 가치를 끌어올린 행위가 된다. 그러나 자기주식 취득제도는 주가의 저평가 사정을 시장에 알림으로써 주가에 영향을 주는 시그널링 효과와 유통주식수 감소 및 일반투자자의 배당기대로 주가의 안정을 도모하거나, 적대적 M&A에 대한

경영권 방어수단으로 활용된다는 점에서 시장기능을 해치는 일탈행위가 되지 않는다. 또한 자기주식취득행위는 주가조작죄의 구성요건해당성을 조각시키는 사유로 법(자본시장법 제165조의2 및 동법 시행령 제176의 2, 상법 제341조)에 그 절차와 방법이 정해져 있다.

3) 화폐경제적 펀더멘틀가치 둘째, 펀더멘틀 가치는 기업의 실물경제적 가치평가가 아니라 자본시장 안에서의 순수한 교환가치를 가리킬 수 있다. 즉, 불공정한 증권거래가 행해져서 상승되었다고 추정되는 기간에 동종업종의 평균주가상승률 등과 대비하여 다른 기업과 다른 실질적인 가격상승요인이 없는데도 현저히 높게 상승한 경우에 펀더멘틀가치로부터 벗어난 가치, 즉 불공정한 가격형성을 인정할 수 있다. 다만 여기서 이런 의미의 불공정한 가격형성에 대한 판단은 통계적 기법에 의한 가능성 판단이며,[56] 이 판단은 매우 불확실한 판단임에 주의할 필요가 있다. 물론 모든 통계적 기법의 가능한 오차와 오류의 범위를 훨씬 넘어서는 급격한 주가등락이 있었을 때에만 불공정한 가격형성이 있었음을 비교적 분명하게 말할 수 있다.

---

56) 대법원도 "시세조종행위가 없었더라면 매수 당시 형성되었으리라고 인정되는 주가(정상주가)와 시세조종행위로 인하여 형성된 주가로서 그 투자자가 실제로 매수한 주가(조작주가)와의 차액상당을 손해로 볼 수 있고, 여기서 정상주가의 산정방법으로는 전문가의 감정을 통하여 그와 같은 시세조종행위가 발생하여 그 영향을 받은 기간 중의 주가동향과 그 사건이 없었더라면 진행되었을 주가동향을 비교한 다음 그 차이가 통계적으로 의미가 있는 경우 시세조종행위의 영향으로 주가가 변동되었다고 보고, 사건기간 이전이나 이후의 일정기간의 종합주가지수, 업종지수 및 동종업체의 주가 등 공개된 지표 중 가장 적절한 것을 바탕으로 도출한 회귀방정식을 이용하여 사건기간 동안의 정상수익률을 산출한 다음 이를 기초로 사건기간 중의 정상주가를 추정하는 금융경제학적 방식 등의 합리적인 방법에 의할 수 있다"고 판시하였다(대판 2004.5.28, 2003다69607).

4. 목적조항의 재해석

주가조작죄는 몇 가지 구성요건을 제외하고는 대부분 목적범의 형태로 구성되어 있다.

(1) **목적 개념의 재해석** 앞에서 주가조작죄의 목적조항에서 목적 개념들이 주가조작행위의 외재적 목적이 아니고, 실제로는 행위자의 심정(Gesinnung)에 대한 밝혀지지 않은 선악판단에 의해 결정된다는 점을 설명하였다.

1) **불법이득의사의 추가적인 윤리적·심리적 요소** 주가조작을 수행하는 나쁜 심정의 상태는 불법이득의사와 사실상 겹칠 수 있다. 즉, 불법이득의사가 있으면 주가조작죄의 초과주관적 요소로서 '목적'을 인정할만한 상당한 실질이 확보된다. 또한 둘 다 성향개념(Dispositionsbegriff)이고, 불법이득의사를 입증하는 간접증거와 목적을 입증하는 간접증거도 겹칠 수 있다. 그러나 주가조작의 목적은 불법이득의사로 환원되지는 않는다. 불법이득의사는 주로 일정량의 경제적 이득을 위법하게 취득하는 의지적 작용을 나타내는 개념인 반면, 주가조작죄에서 목적은 종합적 가치판단에 의할 때 '나쁜 심정'이라는 윤리적·심리적 상태를 나타내는 개념이기 때문이다. 이렇게 볼 때 나쁜 심정으로서 목적은 불법이득의사의 의미에 추가되는 윤리적·심리적 요소라고 볼 수 있다.

2) **비합리적 경영으로서 목적** 이와 같은 윤리적·심리적 요소로서 목적 개념은 주가조작죄 성립여부에 대한 판단을 매우 불

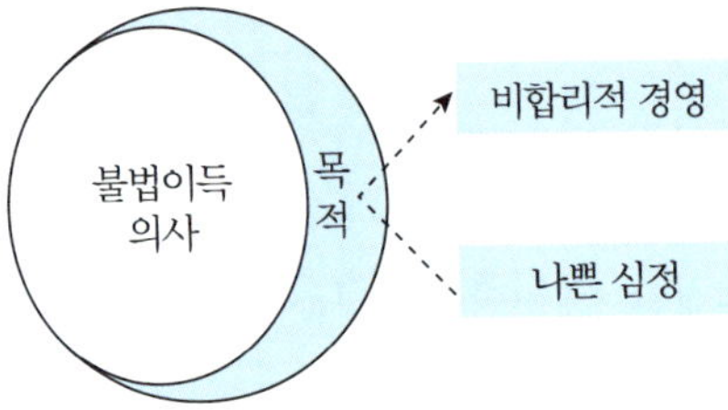

확실하게 만든다. '나쁜 심정'과 같은 윤리적·심리적 요소는 구체화하기가 매우 어렵기 때문이다. 보통의 '가치충전필요개념'보다도 더욱 더 주관적인 현상이다. 여기서 목적 개념을 주가조작행위가 경영행위로서 갖는 비합리성으로 재구성해볼 필요가 있다. '비합리성'(irrational) 개념 역시 고도로 불명확한 개념이긴 하지만, 적어도 윤리적·심리적 개념이 아니라 가치충전필요개념이라는 점에서 수용가능한 대안적 해석이다. 게다가 이런 목적 개념은 가벌성을 근거짓거나 확장하는 기능이 아니라 가벌성을 제한하는 기능을 수행한다는 점에서 그 불명확성이 법치국가적 형법의 원리에 위배되지는 않는다. 다시 말해 외형상 주가조작죄의 모든 구성요건요소를 충족한 경우에도 주가조작이 경영행위로서 합리성을 갖고 있다면, 주가조작죄가 성립하지 않게 되는 것이다.

(2) **목적의 판단** 이때 목적 개념에 충전해 넣는 가치들은 다양한 요소들의 종합적인 이익형량적 고려를 통해 생성될 수 있다. 그런 다양한 요소들을 최대한 분석적으로 밝혀내고, 그 이익형량의 방향성을 비평하는 작업은 주가조작죄 해석론의 주된 미래적 과제가 될 수 있다. 여기서는 그런 해석론의 예를 두 가지 사례[57]에서 보여주기로 한다.

1) **합리적 경영인 외형상 주가조작** 예컨대 외형상 주가조

57) 이 사례들을 상세히 다룬 지유미, *M&A에 대한 형법정책의 방향* (고려대 박사학위논문, 2009), 105~111쪽 참조.

작죄에 해당하여도 경제위기 등의 상황에서 외자유치의 성격이 강한 행위는 나쁜 심정으로서 "주식의 매매거래를 유인할 목적"이라는 성격을 배제시킬 수 있다.

[합리적 경영행위(M&A)로서 변형주식스왑] 투자회사 리타워텍은 인터넷지주회사 아시아넷을 인수하기 위해 변칙주식스왑의 방법을 사용했다. 리만브러더스가 페이퍼컴퍼니 그레이하운드에 13억5천달러를 융자해주고, 그레이하운드는 제3자 배정으로 아시아넷의 신주를 인수하고, 아시아넷은 그 신주인수대금으로 리타워텍이 제3자 배정으로 발행한 신주를 인수하고, 대금을 납입하였으며, 이 대금으로 리타워텍은 그레이하운드가 보유한 아시아넷의 신주를 인수하고, 그 신주인수대금으로 그레이하운드는 리만브러더스에 대해 원리금을 상환하였다. 이 모든 절차는 약 3시간에 진행되었다. 이로써 리타워텍은 아시아넷을 인수함에 있어, 주식스왑의 방법[58)]을 사용할 경우에 부담하는 법적 제약[59)]을 피할 수 있었고, 초단기대출을 받으면서 마치 외자를 유치한 바와 같은 외관을 창출하게 되었다. 리타워텍은 이런 점을 보도자료로 세상에 알렸다. ① 실질은 초단기대출인데 외자유치라는 보도자료의 제공은 오해유발표시에 해당한다. 이로써 투자자들의 판단은 흐려지고, 주식거래를 유인·유발하는 효과를 발생시킬 수 있으며, 이 점을 인식하고 의욕했었을 수 있다. 따라서 목적요건을 제외하고는 허위·오해유발표시의 주가조작죄 구성요건을 모두 충족한다. ② 판례는 이 사건에 대한 허위·오해유발표시의 시세조종죄의 적용에서 "아시아넷 주

---

58) 우리나라 상법은 전주식을 상호교환하는 포괄적 주식교환만을 인정하고 있으며(상법 제306조의2, 제306조의6), 부분 주식교환은 「벤처기업육성에 관한 특별조치법」(제15조, 제15조의4)에 적용을 받을 경우에만 인정된다. 벤처기업이 아닌 기업의 주식스왑은 법제화되어 있지 않은 상태이다.

59) 벤처기업이 아닌 기업이 부분적 주식스왑을 하면 일종의 현물출자가 되므로, 이에 따른 법적 통제를 받는다. 즉, 이사회결의(상법 제416조 제4호)가 필요하고, 법원에 검사인의 선임청구를 하고 검사를 받거나, 공인된 감정인의 감정을 받아 검사인의 조사에 갈음하여야 하며(제422조 제1항), 법원은 검사보고서나 감정결과에 의하여 판단할 때 현물출자가 부당하다고 인정하면 이를 변경(제422조 제2항)받게 되는 제약이 생긴다.

식의 매매와 관련하여 보도자료 등을 통하여 언론에 공표한 사실이 허위라고 단정하기 어렵고 설사 그 내용이 사실과 다르다고 할지라도 피고인이 그 주식의 매매거래를 유인할 목적으로 고의로 허위의 표시 또는 오해를 유발하게 하는 표시를 하였다고 볼 수 없다"[60]고 보아 무죄를 선고했다. ③ 3시간의 초단기 대출이 외자유치가 아니어서 오해를 유발할 수는 있다고 하더라도 리타워텍 경영자는 세계적 투자은행인 리만브러더스가 실질적으로 인수자금을 대주었다는 점 — 리만브러더스의 페이퍼컴퍼니에 대한 대출의 배임성 여부는 별론으로 하고 — 3시간에도 리스크는 존재한다는 점, 또한 그런 대출은 인수 후에도 필요시 (초단기)대출을 반복하게 되면, 리만브러더스는 거시적인 안목으로는 전략적 재무투자자와 유사한 역할을 하는 셈이라는 점 등에서 그런 오해유발표시 주가조작행위는 리타워텍으로서는 합리적인 경영행위로서 효율적인 M&A의 기법을 사용한 것으로 볼 수 있다. 그렇기에 나쁜 심정으로서 목적의 요건이 충족되지 않는다.

그러나 이 사례에서 외자유치적 성격에 대항적인 요소로 인수회사의 신주발행이 "경영상 목적을 달성하기 위하여 필요한 경우"(상법 제418조 제1항)가 아닌데도 제3자 배정방식을 취함으로써 기존 주주의 신주인수권을 침해한다는 점에서는 합리적 경영이라고 보기 어려운 점도 있다.[61] 여기서 외자유치의 긍정적 요소와 주주평등권 침해의 요소 가운데 어떤 것을 중시할 것인지가, 즉 그 둘 사이의 이익형량이 '나쁜 심정'으로서 목적의 존부를 결정지을 것이다. 이런 판단에 규칙은 아직 마련되어 있지 않으며, 구체적인 사안의 특성들을 면밀히 종합적으로 분석하고 고려하는 법원만이 판단의 권한을 갖는다.

60) 대판 2002.10.8, 2002도2888.

61) 지유미, *M&A에 대한 형법정책의 방향* (고려대 박사학위논문, 2009), 113~115쪽. 이 견해에 의하면 인수회사는 기존주주들에게 신주인수권을 주고, 실권주를 대상회사나 그 주주들에게 배정하는 방식을 따라야 한다. 그렇지 않으면 인수회사의 경영진에게 업무상 배임죄가 성립할 수 있게 된다.

2) 비합리적 경영인 주가조작 이에 반해 인수에 필요한 자금이 충분하지 않은 것을 메우기 위한 방편으로 허위표시를 하는 주가조작행위는 나쁜 심정으로서 "주식의 매매거래를 유인할 목적"의 성격을 갖고 있다고 보아야 한다. 부족한 인수자금으로 큰 회사를 매입하려는 욕망을 좇기 위해 허위표시를 하는 행위는 합리적 경영이라고 할 수 없기 때문이다.

[비합리적 경영으로서 자금동원력을 과장한 M&A] 2000.4. M컨설팅(대표 甲)은 A종금을 인수하기 위해 그 회사의 감사인 乙과 합의하여 M사의 자회사 E 창투 회사 명의로 A종금의 자사주 620만주(지분율 약 20%)를 200억원에 매수하였다. 또한 이후 언론에 '스위스은행컨소시엄(SPBC: Switzerland Private Banks Consortium)이 A종금의 대주주인 D방직(주)의 지분(지분율 28%)을 3,000만불에 매수할 것이며, M사와 SPBC는 경영관리협약을 체결하여 SPBC의 A종금에 대한 모든 경영을 M사에 위임한다'는 내용을 발표하였다. 하지만 당시 SPBC는 실재하지 않았고, 이 계약을 체결한 외국인 이보는 약 20일 뒤에 스위스 소재 소규모 무역회사인 X사의 상호를 SPBC로 변경하였다. 2000.5.27.에 甲은 A종금의 주총에서 상호를 H종금으로 변경하고 이사회의장으로 취임하였으며 이보도 참석했다. 그러나 2000.7. 금융감독원의 실사결과 H종금의 BIS비율이 -17.7%로 드러나자 SPBC는 H종금에 대한 투자를 포기하였다. A종금의 주가는 2000.4.17. 1,200원에서 4.21. 2,090원으로 급등했다. ① 판례는 "甲이…유형적인 경제적 이익을 꾀하였으며,…외국계 금융회사의 신용도를 이용하여 A종금의 신인도…제고라는 무형적 이득도 함께 도모하기 위한 것이라고 인정(된다)"[62]하여 甲에 대해 허위표시에 의한 주가조작죄를 인정하였다.[63]

---

62) 대판 2002.7.22, 2002도1696.

63) 물론 피인수회사의 자산을 담보로 대출을 받아 그 회사를 인수하는 행위(LBO)도 인수자의 자산으로 인수할 수 없는 회사를 인수한다는 점에서는 이 사건과 부분적으로 유사성이 있으나 허위표시를 하지 않는다는 점에서 중대한 차이가 있다.

[주가조작죄요건의 도표화] 지금까지 설명한 내용으로써 주가조작죄의 요건을 도표화하면 아래와 같다. 사기죄의 요건과 사기죄의 불법을 유비화한 주가조작죄의 요건 그리고 이 글에서 제시한 주가조작죄 요건의 재해석이 각각 표로 정리되어 있다.

첫째, 현행 자본시장법에서 모든 행위들이 동일한 법정형의 제재를 받고 있으므로, 행위반가치가 약한 주가조작의 행위유형에서는 결과반가치의 요건이 더 엄격하게 설정되어야 한다. 이를테면 반도덕 행위양태가 없는 현실거래의 주가조작죄(ⓑ)에서는 실제로 시장기능이 구체적으로 위태화되어야 한다. 이를 위해서 펀더멘틀 가치보다 현저히 차이가 있는 주가가 형성되었을 것이라는 요건이 설정되는 것이다. 둘째, 이와 정반대로 행위양태가 반도덕적인 허위오해유발표시의 주가조작죄에서는 결과반가치는 패턴분석을 통한 투자유발효과의 입증을 통해 사실상 추정되는 시장기능왜곡의 적성만으로 인정된다. 셋째, 탈법적 시세안정죄는 행위반가치가 법정절차를 따르지 않은 데에만 있고, 결과반가치도 조작이 아닌 조종의 수준에 머무르는 것이어서 비범죄화되어야 한다. 다만 법정절차를 위반한 점과 투자유인효과 등을 고려하여 과태료나 과징금의 제재로 통제되어야 한다. 넷째, 미국 증권법을 모델링한 부정거래행위죄는 행위반가치가 반도덕적 시세조종행위들보다는 약하지만 현실거래의 주가조작죄보다는 강하다. 하지만 원칙적으

사기죄	기 망	착오+재산처분	손해발생+ 재산상이득	불법이득의사
	▼ 유비적 구성 ▼			▼ 보편적 법익 ▼
사기죄모델링한 주가조작죄 일반적 구조요건	허위정보창출	투자판단의 그르침	인위적 증권가격의 형성	불법이득의사 불필요 +목적
▼ ▼ 재 구 성 ▼				

	행위반가치	←연결요소→	결과반가치	목적
칸의 면색상은 불법의 강도를 표현함	거래행위의 불공정성	투자유인효과 투자유발효과	시장기능왜곡	고의와 목적
ⓐ 통정가장매매(제443조 제1항 4호)	◐반도덕적 행위 통정, 가장 매매 및 그 위탁 수탁	패턴분석 입증	적성의 사실상 추정	내재적 목적=불법이득의사+(나쁜 심정→불합리한 경영)
ⓑ 현실거래(제443조 제1항 5호)	시장지배력남용과 유사성	패턴분석 입증	★ 펀더멘틀가치의 현저하게 차이있는 주가	내재적 목적=불법이득의사+(나쁜 심정→불합리한 경영)
ⓒ 시장조작유포 (제443조 제1항 5호)	◐반도덕적 행위 시장조작으로 시세가 변동한다는 말을 유포	패턴분석 입증	적성의 사실상 추정	내재적 목적=불법이득의사+(나쁜 심정→불합리한 경영)
ⓓ 허위오해유발표시(제443조 제1항 5호)	◐반도덕적 행위 중요사실에 관한 허위 오해유발 표시행위	패턴분석 입증	적성의 사실상 추정	내재적 목적=불법이득의사+(나쁜 심정→불합리한 경영)
ⓔ 탈법적 시세안정(제443조 제1항 6호)	법정절차위반	원칙적으로 투자유인효과만 예외적 투자유발효과 입증	⊙ 없음 ←"조작"이 아닌 "조종" 수준	과태료, 과징금으로 전환
ⓕ 부당이익취득목적의 시세변동·고정(제443조 제1항 7호)	기초자산이나 장내파생상품의 시세 변동 고정	패턴분석 입증	★ 펀더멘틀가치의 현저하게 차이있는 주가	내재적 목적=불법이득의사 + 외부적 목적
ⓖ 부정거래행위죄(제443조 제1항 8, 9호)	◐ 약한 반도덕적 행위 부정한 수단, 계획, 기교 사용, 중요사항 기재·표시 누락문서 사용, 풍문유포 위계사용, 폭행·협박	원칙적으로 투자유인효과만 있지만, 형사처벌은 예외적으로 패턴분석으로 투자유발효과가 입증될 때에만 함(제한해석)	적성의 사실상 추정 불가능	내재적 목적=불법이득의사+(나쁜 심정→불합리한 경영)

로 투자유인효과만이 있기 쉽고, 시장기능왜곡의 적성도 사실상 추정할 수가 없기 때문에 징역형에 의한 제재는 과잉규제이며, 비범죄화는 과소규제가 되기 쉽다. 따라서 이론적으로는 독일법상의 범칙행위로 보되, 한국의 법제에서는 과징금을 병과하는 제재가 적정제재일 수 있다.

Ⅳ. 주가조작죄의 법정책

1. 주가조작처벌의 트릴레마

1962년 증권거래법에 의해 처음으로 범죄화된 이후 주가조작죄는 오랜 시간동안 집행결손(Vollzugsdefizit)[64]의 현상을 보여주었다.[65]

(1) **처벌강화의 흐름** 그러다 경제위기가 발생하기 직전인 1997년 초에 전면 개정된 증권거래법과 그 경제위기에서 빠져나온 직후인 2002년에 개정된 증권거래법은 그런 집행결손에 대한 이성적인 반성과 성찰을 멀리하고 "죽음의 사각지대"라고 부를만한 형벌

64) 이러한 집행결손은 현대형법의 특징으로 이해된다. 이에 관한 일반적인 논의로 P. A. Albrecht/W. Hassemer/M. Voß, *Rechtsgüterschutz durch Entkriminalisierung* (1992), 53, 63쪽 아래.

65) 예를 들어 대법원에까지 올라온 사건만을 기준으로 보면 97년 이전에는 1개의 판결(대판 1994.10.25, 93도2516)만이 발견되지만, 그 이후에는 상당한 많은 량의 판결들(대판 2006.5.11, 2003도 4320; 2005.11.10, 2004도1164; 2005.3.24, 2004도8651; 2004.5.28, 2004도1465; 2004.3.11,2 2002도6390; 2003.12.12, 2001도606; 2004.10.28, 2002도3131; 2004.3.6, 2003도7112; 2003.12.12, 2001도606; 2003.11.14, 2003도686; 2002.7.26, 2002도1855; 2002.7.26, 2001도4947; 2002.7.22, 2002도1696; 2002.6.14, 2002도1256; 2001.11.27, 2001도3567; 2001.6.26, 99도2282; 2001.1.19, 2000도4444; 1998.12.8, 98도3051)이 발견된다.

법을 마련하였다. 이 사각지대는 다음과 같은 4개의 처벌수단에 의해 형성된다.

- **강력범죄수준의 자유형** 취득이익이나 회피한 손실액이 50억원 이상일 경우(사형을 빼고는) 살인죄의 법정형인 무기 또는 5년 이상의 징역형(자금법 제443조 제2항 제1호), 5억원 이상 50억원 미만일 경우 강간죄의 법정형 수준인 3년 이상의 징역형(제2호)[66]
- **징벌적 벌금형의 병과** 취득이익이나 회피한 손실액의 3배가 5억원을 넘는 경우엔 그 액의 3배까지 그것도 징역형과 함께 부과할 수 있는 벌금형(제443조 제1항, 제447조)
- **자격정지형의 병과** 징역형과 병과할 수 있는 10년 이하의 자격정지형(제443조 제3항)
- **기업에 대한 양벌규정** 주가조작을 행한 기업에 대해 같은 벌금형을 선고할 수 있게 한 양벌규정(제448조)

오랜 세월의 집행결손에 걸맞지 않는 처벌강화는 시장의 도덕성을 강조하여 시장참여자들의 투자를 안정시킴으로써 경제위기를 예방하거나 극복하는 정책을 좇는 것일 수 있다. 그런 정책은 주가조작범에게 그의 책임을 넘어서는 과중한 책임을 부과하거나(비례성원칙 위반), 특정인을 무리하게 주가조작범으로 몰아세우는(금지된 유추해석) 속죄양 만들기의 위험을 수반하기 쉽다. 증권시장의 위기가 반복될 때마다 이런 위험은 더욱 커지기 쉽고, 주가조작죄의 처벌수위를 더욱 높이라는 법개정의 요구가 거세질 수 있다. 그러나 과연 이런 형법정책의 흐름이 증권시장을 지켜줄 것인가?

(2) **사회국가적 형법정책** 주가조작의 처벌은 증권시장의 기능, 특히 공정하게 증권가격을 결정하는 메커니즘을 보호하고 그것

---

66) 이는 「특정경제범죄가중처벌 등에 관한 법률」 제3조(특정재산범죄의 가중처벌)와 같은 법정형이다.

을 통해 간접적으로 투자자의 재산을 보호하기 위함이다.

1) 정보효율성과 경쟁적 자유시장 이 가격결정메커니즘은 정보에 민감한 증권시장의 특성을 고려해 볼 때, 증권가격의 형성에 의미 있는 모든 정보가 '정확하고 완전하게' 그리고 '신속하고 제때에' 공개되고, 모든 시장참여자들은 그런 정보들을 '똑같이 평등하게[67]' 이용하여 투자판단을 하며, 증권가격은 그런 판단의 총체적 결과로서 정해짐을 전제로 한다. 이 전제를 '정보효율성'(Informationseffizienz)[68]이라고 부를 수 있다. 정보효율성은 증권시장에서 기업의 자본조달과 투자자의 이익획득을 가능케 하는 전제조건이다. 그러나 정보효율성이 완벽하게 구현된 효율적 증권시장, 경쟁적 자유증권시장은 현실이 아니라 이념이다.

[정보효율성의 이념과 가설의 차이] 여기서의 이념은 경영학계에서 말하는 '가설'과 같은 뜻은 아니다. 경영학계에서는 증권정보가 가격결정에 적절하게 반영됨으로써 효율적인 자본배분이 이루어진다는 이론적 가설을 효율적 시장의 가설(efficient market hypothesis)이라고 한다.[69] 그러나 주가조작행위 가운데에도 반도덕적 구조의 행위들(유형 ⓐⓒⓓ)을 금지하는 구성요건들은 정보지배력의 차이와 상관없이 (법적으로) 자유롭고 평등한 시장참여자들의 이념, 그러니까 경제학적으로 표현하면 경쟁적 자유증권시장의 이념을 이미 현실화하는 형벌법규들이다. 다만 현실거래에 의한 주가조작(유형 ⓑ)에서는 정보지배력의 차이가 있다는 점에서 이 경영학계의 가설론이 타당할 여지가 있다.

---

67) 정보평등을 증권체계의 합리성(효율성) 개념으로 이해하는 이형기, "증권거래법상의 민사책임에 관한 고찰", *인권과 정의* (제277호, 1999.9.), 53쪽.

68) 정보효율성을 증권시장의 기초로 바라보는 신영무, *증권거래법* (1987), 11쪽; 이준섭, *EU 은행·증권법* (박영사, 1996), 163~165쪽; Gilson/Kraakman, "The Mechanism of Market Efficiency", *Virginia Law Review* (Vol. 70, 1984), 549쪽 아래 참조.

69) 이에 관해 박정식·박종원, *현대투자론* (2001), 264쪽 아래 참조.

> 하지만 그와 같은 의미의 효율적 증권시장이 비록 현실이 아니라고 해도 가설이라고 봐서도 안 된다. 그런 시장은 검증되거나 반증될 명제가 아니라 실천적으로 추구되어야 할 도덕적 기획이기 때문이다.

2) 사회국가적 증권형법 증권거래법은 이 이념의 현실화를 기획하고 도모한다. 이 기획은 때때로 사회국가적 기획의 성격을 띤다.

(가) 정보강자와 약자의 구분 즉, 시장참여자들을 이를테면 정보생산자와 정보소비자로 나누고, 각각 정보강자와 정보약자(예: 개미투자자)의 지위를 부여한 다음, 약자보호를 위해 정보강자인 정보생산자에게는 약자인 정보소비자가 잘못된 투자판단에 빠지지 않도록 배려할 다양한 의무를 부과하는 것이다. 주가조작행위자가 위반하는 정보의무도 그러한 의무 가운데 중요한 한 유형을 이룬다. 이 의무는 증권거래법상 다양한 규정에 의해 법제화되고 있는데,[70] 그 법적 의무의 총계는 궁극적으로는 앞서 말한 정보효율성을 실현하는데 지향되어 있다.

(나) 정보효율성 있는 증권시장의 기능보호 그런데 이 사회국가적 기획은 약자보호라는 실질(형)법(materialisiertes Recht)의 차원을 넘어선다. 즉, 정보효율성은 실물시장에서보다는 자본시장에서 특히 시장의 효율성과 합리성을 가능케 하는 핵심축이 된다. 그렇기에 주가조작죄가 설정하는 법적 의무는 자본시장인 증권시장의 합리적 기능과 효율적 성장과 같은 '보편적 법익'을 실현하는 데에 향해있다. 그러니까 주가조작죄의 보호법익은 정보효율성 위에서 구축되는 증권시장의 기능적 효율성 그 자체가 된다.

---

70) 이 가운데 내부자거래금지는 주가조작과 함께 가장 중요한 행위규범이다. 이 내부자거래금지위반죄에 대한 비판적인 분석으로 이상돈·임철희, "내부자거래의 시장유해성과 시장의 형법비친화성", *형사정책연구* (겨울호, 1999), 101～131쪽.

3) 주가조작죄의 트릴레마 하지만 사회국가적 법제기획으로서 주가조작죄는 증권시장의 기능을 안정화하면서 동시에 위태화할 가능성도 안고 있다. 이를 주가조작죄의 트릴레마로 설명할 수 있다.

㈎ **법에 의한 증권시장의 위태화** 첫째, 투자실패에 대한 책임을 정보생산자에 편중시키면, 정보약자인 투자자들은 언제나 쉽게 법적으로 보호될 수 있다는 안도감 속에서 다양한 투자정보를 수집하고, 그에 기초한 합리적 투자판단을 내리는 것을 게을리 하며, 투기성 거래에 몰입하기 쉽다. 이런 투자자의 모럴헤저드(moral hazard) 보호는 정보생산자로 하여금 법적 책임에서 벗어나기 위해서는 과도한 정보유통비용을 지불하지 않을 수 없게 한다. 이는 장기적으로는 증권시장의 정보유통을 고비용 구조 속에 몰아넣음으로써 증권가격이 시장에서 합리적으로 결정될 수 없게 한다. 그렇게 되면 증권시장은 쉽게 붕괴될 수 있게 된다. 이를 '법에 의한 사회적 통합의 와해'라고 부를 수 있다.

㈏ **증권시장에 의한 법적 통합의 와해** 그처럼 병리화된 증권시장은 다시금 법을 와해시킬 수 있다. 투자자의 모럴헤저드는 특히 증권관련집단소송제에 의해 더욱 심해지고,[71] 투자자들은 스스로 책임져야할 몫의 투자실패에 대해서까지도 법에 그 구제를 호소하게 된다. 그 결과 주가조작책임을 추궁하는 민·형사소송은 급증하고, 사법은 더욱 더 많은 주가조작소송의 부담을 지게 되며, 이 부담의 해소를 위해 소송경제에 지나치게 편향되거나 더욱 강한 투자자보호 정책의 판결을 내리게 된다. 즉, 투자자의 모럴헤저드가 사법의 과

71) 증권관련집단소송제의 문제점에 대해 이준섭, "증권관련 집단소송제 도입의 몇 가지 전제와 문제점", *상장협* (제44호, 추계호, 2001), 19~34쪽; 이상돈, *공익소송론* (세창출판사, 2006), 92, 93쪽 참조.

부하를 초래하고 법을 지나치게 정책의 도구로 전환시킴으로써 법의 정당성을 약화시킨다. 수사기관도 이전보다 훨씬 더 많은 주가조작 소송사건을 떠맡게 되는데, 이는 현재 주가조작 수사가 증권선물위원회의 조사와 조치결과에 거의 의존해 있는 현실을 고려할 때 수사기관의 기능장애가 노정될 가능성이 높다. 이를 '사회(합리성을 상실한 증권시장)에 의한 법적 통합의 와해'라고 부를 수 있다.

(다) **법과 증권시장의 상호적 무관심** 셋째, 이처럼 법은 투자자를 보호하려다 증권시장의 합리성을 오히려 훼손시키고, 그 결과 시장붕괴를 부추길 수 있다. 이때 적어도 결과적으로는 법이 증권시장의 공정성과 합리성을 실현할 수 있는 정책에 무관심하다고 말할 수 있다. 거꾸로 투자자보호의 정책이 사법의 비경제적 논리를 파괴하고, 법적 책임귀속의 규범적 원리를 일그러뜨린다는 점에서는 정책도 법에 무관심하다고 말할 수 있다. 이로써 법과 정책은 상호적으로 무관심한 셈이 된다.

2. 주가조작죄의 정당성과 비례성

이러한 트릴레마는 주가조작에 대한 과도한 형사처벌의 위험성을 지적해줄 뿐, 주가조작의 전면적인 비범죄화까지를 요구하는 현상은 아니다.

(1) **시장의 공정성이란 상징의 실제적 시장유지기능** 왜냐하면 주가조작죄가 매우 편파적으로 운영되고 매우 드물게 적용되어 단지 '상징'으로만 남는 경우에도 그 상징은 실물경제와는 또 다른 의미를 가질 수 있기 때문이다.

1) 공정거래법상의 범죄와 비교 이 점은 주가조작죄의 불법을 공정거래법상의 범죄유형과 비교할 때 좀 더 분명해진다. 예컨대 통정거래는 카르텔(동법 제19조, 제66조 제1항 제9호)에 비교되고, 현실거래에 의한 시세조종은 가격결정력을 독·과점하는 시장지배지위의 남용행위(동법 제3조의2, 제66조 제1항 제1호)와 비교될 수 있다. 카르텔이나 시장지배지위의 남용행위가 형사불법을 갖고 있는지에 대해 의문을 제기할 수 있다. 이를테면 이들 불공정거래행위의 실제 사례들은 극히 예외적인 경우[72]를 제외하고 대부분은 형사불법의 문턱에 약간 못 미치는 것으로 평가하고, 과징금이나 징벌적손해배상 등의 제재가 적합한 중간법에 속해야 한다는 주장[73]도 가능하다. 비교법적으로도 EU는 반독점법 위반행위를 범칙금으로 제재할 뿐이고, 독일도 입찰담합죄(StGB §298) 이외에는 경쟁제한방지법(GWB) 위반행위를 범칙금으로만 제재한다. 이런 비범죄화 흐름은 자본시장에서의 불공정거래행위인 주가조작행위에 대해서도 원칙적으로 연장될 수 있다. 게다가 실물경제에서의 수요자보다 자본시장의 증권수요자들이 모럴헤저드라고 표현할만한 투자판단의 과오를 갖기 쉽다는 점, 즉 범죄피해자의 과오가 상대적으로 크다는 점에서 증권시장에서의 불공정거래행위에 대한 비범죄화 요청은 더욱 커질 수 있다.

2) 자본시장과 실물경제의 차이 하지만 여기서 실물경제와 자본시장간의 차이에 주목할 필요가 있다. 실물경제에 있어서는 시장의 공정성을 해하는 행위가 행해져도 소비자들은 수요를 줄일 수는 있으나 거래에 참여하지 않을 수 없는 반면, 증권시장의 소비자

---

72) 이런 예외적인 형사불법의 카르텔이나 시장지배지위남용행위를 분석해내는 이상돈, *공정거래형법* (법문사, 2010), 171쪽.

73) 이에 관한 자세한 논의는 이상돈, *윤리경영과 형법* (신영사, 2005), 111~115쪽 참조.

들은 시장이 불공정하다는 생각이 커지면 아예 시장에 참여하지 않을 수 있다. 또한 그런 경향이 일반화된다면 증권시장은 빠르게 붕괴될 수 있다. 즉, 증권시장은 실물시장에 비하여 비교할 수 없을 만큼의 '탄력적인' 수요를 갖고 있다. 이는 실물시장의 수요자가 증권시장의 수요자에 비해 비탄력적인 수요를 갖는 것, 예컨대 독과점 시장인 이동통신서비스는 가격이 높아도 — 그래서 소비자보호의 과제가 매우 중요해져도 — 소비자들이 그 서비스를 계속 이용하는 현상과 대조적이다.

(2) **시뮬라시옹으로서 주가조작죄** 여기서 주가조작죄가 아무리 집행결손에 시달리는 상징형법일지라도, 그 법이 만들어내는 공정성의 '상징'은 그 자체가 다시금 증권시장의 붕괴를 막는데 어느 정도는 실제적인 기능을 발휘한다고 말할 수 있다. 여기서 말하는 상징은 법(학)에서 전혀 알지 못했던 새로운 의미의 개념이다.

1) **법에서 상징의 3가지 의미** 법은 언어기호로 구성되어 있고, 기호는 언어상징이다. 여기서 상징이 법에서 갖는 의미를 짧게 살펴볼 필요가 있다. ① 법의 현실화(사회학적 효력)는 상징에 담긴 규범적 기획이 현실화됨을 말한다. 상징은 현실화가 가능한 규범적 기획이다. 그런데 이 상징은 현실을 왜곡할 수 있다. ② 상징의 규범적 기획은 현실로부터의 요구와 폭넓은 도덕적 정당성을 바탕으로 하지만 특정 법(예: 형법)을 매개로는 애당초 현실화될 수 없을 때도 있다. 그런 때의 법은 상징입법[74]이 된다. ③ 그러나 이미 존재하는 현실에 상징이 그 의미의 기호로 부가되는 것이 아니라, 정반대로 상징이 아직 '있지 않은' 현실을 만들거나 현실을 과장함으로

74) 이에 관해 자세히는 Voß, *Symbolische Gesetzgebung* (1983) 참조.

써 어떤 (정치적) 이데올로기적 기능을 수행할 수 있다. 이를 보드리야르는 시뮬라시옹(simulacre)[75]이라고 불렀다. 예컨대 국가보안법의 전면폐지를 주장하는 견해는 때때로 그 법이 국민들로 하여금 있지도 않은 국가안보에 대한 위협이 있다고 느끼게 만든다고 본다. 법의 상징이 안보위협의 현실을 만든다는 것이다.

2) 주가조작죄의 상징 주가조작죄의 상징은 이상에서 설명한 세 가지의 상징(①~③)과 같기도 하고 다르기도 하다. 즉, 주가조작죄는 ⓐ 규범적 기획이지만 잘 집행되지 않는다는 점에서는 ①②와 같다. 그러나 주가조작죄는 증권시장의 공정성 상징으로서 그것에 의해 비로소 증권시장(현실)이 구축된다는 점에서는 ③과 같다. 하지만 주가조작죄는 ③과 같이 이데올로기적인 기능을 수행하지 않는다는 점에서 다르다. 그러므로 주가조작죄는 법에서 상징의 제4유형이라고 할 수 있다.

그렇다면 주가조작의 범죄화 일반이 폐기되어야 하는 것이 아니라 증권시장의 공정성이라는 상징을 창출하려는 목적에서 투입되는 형벌이 어떤 경우에 과잉인지, 즉 비례성원칙에 위배되는지가 반성되어야 한다.

(3) 주가조작죄의 비례성 비례성은 비례성의 세 요소, 수단의 목적달성 '적합성', 최소침해성('필요성'), '균형성' 으로 구성된다.

1) 적합성 첫째, 주가조작죄의 실제적인 목적이 앞서 설명한 대로 새로운 상징 개념, 즉 '현실(증권시장이탈의 방지)을 형성하는 상징(주가조작죄)의 창출'이라고 본다면 주가조작죄의 적합성 요건은 처

75) J. Baudrillard (하태환 역), *시뮬라시옹: 포스트모던 사회문화론(Simulacre et simulation)* (민음사, 1992), 12~13쪽 참조.

음부터 충족된다. 이 점이 종래의 상징형법과는 다른 점이기도 하다.

2) 필요성 둘째, 다음으로 필요성 요건은 주가조작을 막는 다양한 증권거래제도를 완비하고, 형벌이외의 제재가 실효성을 확보한 후에도 여전히 주가조작이 시장의 기능을 위협할 정도의 수준으로 행해질 것인지에 따라 판단될 수 있다. 그런 증권거래제도의 목록은 매우 길다. 공시제도의 강화, 한국증권거래소와 증권업협회의 자율규제기능 강화방안으로 열거되는 다양한 제도들이 이에 속한다. 그런 제도들은 여기서 하나하나 논의할 수 없고 또한 그럴 필요도 없다. 왜냐하면 정보효율성에 매우 민감하게 반응하는 시장참여자들의 속성이 사라지지 않는 한 증권시장에서 주가조작죄처럼 '현실을 구성하는 상징'의 창출은 — 비록 주가조작을 예방하는 합리적 제도의 구축에 반비례하여 약하게 충족되기는 해도 — 결코 불필요하게 되지는 않을 것이기 때문이다. 그러므로 주가조작죄는 필요성원칙에 완전히 위배되지는 않을 것이다.

3) 균형성 셋째, 그러므로 주가조작죄의 균형성원칙 위배여부가 문제의 관건이 된다. 균형성은 목적가치들 사이의 비교형량[76]으로 판단된다. 즉, 주가조작죄의 목적인 현실(시장참여동기의 유지)을 형성하는 상징의 창출과 형벌부과가 침해하는 행위자의 기본권가치가 균형성을 이루는지가 중요하다. 먼저 주가조작죄가 일반적으로 그런 균형성을 상실했다고 단정짓기는 어렵다. 분명 어떤 주가조작은 증권시장에서의 투자자 이탈에 대해 매우 중요한 효과를 발휘할 수 있기 때문이다. 반면 개념적으로 주가조작에 해당하는 모든

76) 이에 대해 자세히는 이상돈, *헌법재판과 형법정책* (고려대출판부, 2005), 98~100쪽 참조.

행위를 형사처벌해도 균형성을 유지할 수 있는 것은 결코 아니다. 그러므로 주가조작죄의 균형성은 주가조작죄의 법규범이 어떤 방향으로 구체화되느냐에 따라 달라질 수 있다.[77)]

3. 주가조작죄의 운영방향

주가조작죄가 합헌적이기 위한 해석적용의 테두리조건으로 다음과 같은 중요한 세 가지를 들 수 있다.

(1) **비례성의 절차적 실현** 먼저 주가조작죄의 구체적인 규범형성 권한을 의회나 법원이 아닌 증권선물위원회와 같은 행정에이전시(administrative agencies)도 분점 할 수 있어야 한다.

1) **증권선물위원회의 가이드라인** 현재도 주가조작에 관한 손해배상절차와 형사절차의 실효성은 사실상 금융위원회에 설치된 증권선물위원회가 주관하는 조사와 조치(자본시장법 제426조)에 의존해 있다. 이는 증권선물위원회가 주가조작행위를 밝혀낼 수 있는 전문성이 있음을 의미하고, 그런 전문성은 형사처벌이 불가피한 주가조작행위의 유형을 정형화할 수 있는 역량을 포함한다. 그러므로 증권선물위원회에게 다양하고 수많은 주가조작행위들 가운데 그 처벌이 비례성원칙에 위배되지 않는 유형을 선별해내는 역할, 바꿔 말해 주가조작죄의 법규범을 구체화하는 역할을 떠맡길 필요가 있다.

2) **다원주의적 역할수행** 이런 역할수행은 물론 고전적인 의미의 죄형법정주의에는 위배되지만 현대사회에서 증대되는 법다원

77) 이는 주가조작죄에 대해 헌법재판을 하게 된다면 헌법재판소는 변형결정(한정합헌결정, 한정위헌결정)을 하게 됨을 의미하기도 한다.

주의(legal pluralism)[78]의 관점에서 보면 오히려 형사사법의 민주성을 높이는 것이 될 수 있다. 또한 증권선물위원회[79]가 그런 역할을 전속고발권[80]의 행사를 통해 수행한다면 어떤 의미에서도 죄형법정주의 위반은 인정되지 않는다. 전속고발권제도는 증권시장의 효율성과 법적 정의의 괴리를 메우고 자본시장체계와 사법체계를 조화롭게 통합하는 이음 띠 역할을 수행할 수 있다.[81] 다만 전속고발권이 검찰의 수사권과 공소권을 실질적으로 침해하는 독점적 수사권 및 형사소송물의 처분권을 의미해서는 안 된다. 그러므로 검찰이 인지한 중대한 주가조작행위에 대한 고발 요청에 대해 '근거지워지지 않은' 거부를 배제하는 내용의 협의적 절차가 전속고발제도에 포함되어야 한다.

(2) **가변적 요건의 고려** 증권거래가 불공정한 시장참여, 투자유인효과, 시장가격결정메커니즘의 위태화(왜곡), 그리고 비합리적 경영으로서 목적이라는 네 가지 구조적 요건을 충족한다 하더라도

78) 이에 관해서 이상돈, *인권법* (세창출판사, 2005), 131, 139쪽 참조.

79) 미국의 경우에도 주가조작에 대한 법무부의 배타적인 연방형사소추권은 증권거래위원회(SEC)의 고발을 전제조건으로 한다. 고발의 기준 등에 관해 자세히는 Amchen/Cordova/Cicero, "Securities Fraud", *American Criminal Law Review* (Vol. 39, 2002), 1093쪽 참조.

80) 이러한 전속고발권은 증권선물위원회에게만 인정되고, 한국증권업협회나 한국증권거래소에게는 인정되지 않아야 한다. 이 두 기관은 주가감시를 통해 발견된 이상매매거래를 감리하고 주가조작의 혐의가 포착되면 「금융실명거래 및 비밀보장에 관한 법률」 제4조 제1항 제4호에 의해 수사기관에 직접 고발해서는 안 되고, 금융감독기관의 장에게 주가조작에 관한 정보를 제공해야 한다. 이런 현행법제는 앞으로도 계속 유지되어야 한다. 자율규제기관들과 검찰의 직접적인 정보교환은 자율규제의 메커니즘을 사법의 논리에 의해 파괴할 위험을 수반하기 때문이다.

81) 이런 관점을 전개하는 이상돈, *부실감사법* (법문사, 2004), 164~165쪽 참조: "고발제도는 법제도로써는 완전히 해결할 수 없는 사회체계간 통합의 부분적 장애를 극복하는 또 다른 의사소통적 메커니즘이 되는 것이다."

그런 충족이 어떤 질적 수준의 불공정거래행위에 의해, 어떤 정도의 양에 의해, 어느 정도의 기간 안에 이루어졌느냐에 따라 주가조작의 성립여부를 달리하여야 한다.

1) 거래의 기간, 질량의 변수 이 점을 기간을 기준으로 설명해본다. 먼저 주가조작의 실행행위는 대개 일정한 기간에 걸쳐 불공정증권거래가 반복되는 형태, 즉 '집합범'이나 '연속범'의 형태로 이루어짐을 염두에 둔다. 가령 시장의 불공정성을 그르친다고 평가할 수 있는 불공정증권거래가 일정 기간 안에, 일정한 질적 수준의 불공정성을 지닌 채, 일정한 횟수(발생량)로 이루어졌다고 가정하자. 이때 그 불공정증권거래행위의 일탈행위로서의 질적 수준과 발생 총량을 동일하게 유지한 채, 그 행위들을 그 기간보다 더 긴 기간에 걸쳐 분산시켜 놓는다면 그 행위들의 시장유해성은 희석된다. 이는 마치 같은 양과 같은 오염도의 폐수라도 긴 시간에 걸쳐 하천에 서서히 방출할수록 그 하천의 오염도가 낮아지는 것과 같다. 또한 같은 양의 불공정증권거래행위라도 장기간에 걸쳐 이루어지면 다른 시장참여자들은 더 많은, 그리고 더 다양한 투자정보를 접하게 되므로 그 불공정증권거래의 투자유인효과도 그만큼 더 약화된다. 마찬가지로 긴 시간에 걸쳐 분산되면 그것이 일정한 단위기간의 수요량과 공급량에서 차지하는 비중이 적어지므로 가격영향력도 그 만큼 엷어지게 되는 것이다. 여기서 주가조작죄의 문턱을 넘어서는 불공정증권거래와 그렇지 않은 거래의 구별에는 일정한 질과 양의 불공정증권거래가 이루어지는 기간의 장단이 중요한 요소임을 알 수 있다.

이런 논리는 불공정증권거래의 질과 양에서도 똑같이 타당하다. 같은 기간, 같은 횟수의 불공정증권거래행위라도 그 일탈행위의 질적 수준이 강할수록 주가조작죄로 통제할 필요성이 높아진다. 또한 같은 기간, 같은 질적 수준의 불공정증권거래행위라도 그 발생횟수가 많을수록 주가조작죄로 통제할 필요성이 높아진다.

2) 최소손해규모의 설정 하지만 이와 같은 불공정증권거래행위의 질과 양 및 기간이 어느 정도여야 주가조작죄로 처벌할만한 시장유해성이 있다고 볼 것인지를 법률에 명확한 언어로 요건화할 수는 없다. 시행령이나 시행규칙으로도 명확성을 보장할만한 구체화가 결코 쉽지 않다. 여기서 주가조작죄는 본질적으로 가변적인 요건을 갖고 있다고 할 수 있다.

(가) 사소법익침해원칙의 확장 첫째는 불공정증권거래행위로 인해 얻은 이익(또는 그와 상관성 있는 투자자의 손해)이 일정한 규모 이상일 것을 요구하는 방안이다. 이를 형법학에서는 구성요건해당성조각사유로서 '사소한 법익침해의 원칙'(Geringfügigkeits prinzip)이라고 부른다. 이는 주가조작죄의 결과불법에서 비례성원칙을 관철하는 것이기도 하다. 이런 원칙의 적용은 주가조작으로 인한 형사책임의 요건(제176조)이 — 특히 손해의 발생과 인과관계를 요구하지 않는다는 점에서[82] — 손해배상책임의 요건(제177조)보다 더 완화되어 있는 점 때문에 더욱 더 요구된다. 이런 요구는 불명확성의 외곽이 어느 정도까지는 일정한 반경 안에 머무르게 할 수 있다. 그러니까 주가조작이 있었어도 그 규모가 작으면 주가조작죄에 해당하지 않는다고 보는 것이다. 바꿔 말하면 불법이익취득이나 관련성추정손해의 규모는 주가조작죄에서 구성요건에 서술되지 않은 결과불법의 요소

82) 대판 2005.11.10, 2004도1164; 서울중앙지방법원 2008. 5.23, 2008고합95; 법원은 투자자의 오해를 실제로 유발하였는지 여부나 타인에게 손해가 발생하였는지 여부 등은 문제가 되지 않는다고 보았다.

가 된다. 이 점은 취득한 이익이나 손해의 규모가 클 경우에 처벌을 — 5억원 이상 50억원 미만 3년 이상 징역, 50억원 이상 무기 또는 5년 이상의 징역으로 — 가중하는 법 제443조 제2항의 반대짝이라고 할 수 있다.

(나) **통계학적 인과성이 있는 손해** 둘째, 실제 손해의 규모는 주가조작행위와 '통계학적 인과성'이 있는 투자자의 손해만으로써 산정되어야 한다. 여기서 통계적 인과성은 개념적으로는 시세변동의 단순한 가능성[83]이나 개연성[84]을 넘어서는, 적어도 '고도개연성'을 의미한다. 이런 인과적 관련성을 요구하는 것은 주가조작죄가 창출하는 시장의 공정성이라는 상징이 — 형사책임의 귀속에서 일반적으로 요구되는 확실성 수준의 인과적 관련에 못 미치는 — 그런 인과성마저도 없는 행위나 적은 규모의 이익취득행위에 의해서는 깨지지 않을 것이기 때문이다.

(다) **주가총액대비 손해의 규모** 다만 증권선물위원회는 통계적 인과성을 해명하는 과학적 분석기법을 더욱 발전시켜 세밀화하고, 가벌성이 인정되는 불법이득액의 규모를 — 물론 절대액을 정하는 방식이 아니라 해당 기업의 주가총액에 비례하여 상대화하는 방식으로 — 최대한 정형화할 필요가 있다.

(3) **행위준칙의 관리** 다음으로 주가조작죄는 최대한 시장참여자들이 준수해야 하는 행위규범을 설계하는 방향으로 운영되어야 한다. 이를 위해서는 주가조작죄의 해석에서 몇 가지 사항이 고려되어야 한다.

---

83) 대판 2002.6.14, 2002도1256; 한국형사정책연구원, *증권범죄에 관한 연구*, 1996, 105쪽.

84) 김정만, 앞의 논문, 216쪽; 이종학, "세조종의 입증", *정강법률포럼 창립세미나 자료집*, 1999.10.25, 4쪽.

1) 불법이득의사 주가조작죄는 단순히 나쁜 심정을 가졌기 때문이 아니라 자신의 행위가 앞(III)에서 밝힌 요건을 충족한다는 점을 인식한 것만으로는[85] 부족하고 적극적으로 의도하였어야 한다. 이것은 최강도의 고의로서 목표지향적 의욕과 (경제적인) 불법이득의사(Bereicherungsabsicht)가 행위자에게 존재할 것을 요구한다.

[불법이득의사의 필요근거로서 목적조항] 물론 주가조작죄를 사기죄와 같은 개인적 법익에 대한 범죄가 아니라 자본시장의 가격결정기능을 위태화하는 보편적 법익에 대한 범죄로서 이해하면 불법이득의사는 주가조작죄 고의의 요건이 아니다.[86] 그러나 우리나라 주가조작죄에서 목적조항들(예컨대 "매매를 유인할 목적")이 대부분 들어있고, 이는 진정한 목적이 아니라 불법이득의사와 나쁜 심정과 같은 윤리적 심리적 요소를 함께 표현한다. 또한 명문의 목적조항이 없는 주가조작죄에서도 불법이득의사의 요구근거가 되는 목적조항을 일종의 '기술되지 아니한 구성요건요소'라고 해석할 필요가 있다.

(가) 불법이득의사의 결핍효과 가령 주가조작의 자금을 댄 사람과 행위자 사이의 관계가 투자신탁계약의 관계인지 아니면 소비대차계약의 관계인지에 따라 주식거래를 한 행위자에게 주가조작죄의 성립이 좌우될 수 있다. 앞의 경우라면 행위자는 수수료만 받는 것이므로 불법이득의사가 없을 개연성이 높다. 따라서 주가조작죄의 주관적 요건(목적)을 충족하게 된다. 이에 비해 뒤의 경우라면 행위자는 자신의 계산으로 투자행위를 한 것이므로 주가조작에 의한 불법이득의사가 인정되기 쉽다. 소송에서 어떤 경우인지는 두 당사자의 진술에 의존하여 판단되기 쉬운데, 만일 두 사람의 진술이 서로 정

85) 이것만으로 *주가조작죄를* 인정하는 김정만, "시세조종행위의 규제", *증권거래에 관한 제문제 [하]* (재판자료 제91집, 2001), 199쪽 아래.

86) 이런 관점은 독일 증권법 제88조의 Kursbetrug의 실행행위의 해석으로 지배적인 것이기도 하다.

반대라면, 그 밖의 간정증거를 충분히 수집할 때에만 사실인정이 합리적일 수 있다.

(나) **경제적 이익의 취득** 불법이득의사는 무형적 이익(예: 회사 내 지위상승, 지배권확보 등)으로는 부족하고,[87] 유형적 이익,[88] 그것도 대규모의 경제적 이익을 취득하려는 의사여야 한다.

ㄱ) **부당이득의사** 이 점에서 부당이득취득목적의 주가조작죄에서 부당이득취득 개념과 구별된다. 부당이득취득목적은 경제적인 불법이득의사에 국한되지 않고, 경영권 획득이나 회사 내에서의 지위 상승 등 무형적 이익을 포함하기 때문이다. 그런데도 사법학자들은 불법이득의사를 '부당이득의사'로 확장해석하기도 한다.[89] 이런 확장해석은 바람직하지 않지만, 손해배상책임(제179조)의 요건으로는 사용가능하다. 그러나 부당이득의사만으로 부정거래행위죄가 성립할 수는 없다. 유추금지원칙에 위배되기 때문이다.

ㄴ) **간접적 불법이득의사** 다만 이때 불법이득의사는 직접적인 불법이득 뿐만 아니라 간접적인 불법이득의 경우를 모두 포괄한다. 이를테면 분식회계를 한 내용으로 증권신고서와 사업설명서를 사용한 주식공모를 지시한 대표이사의 불법이득의사는 회사는 부정거래의 이익을 직접 얻고(예: 주금납입), 자신은 그런 부정거래로 회사가 성장하여 연봉이나 스톡그랜트의 이익을 '간접적으로' 얻는 의사이다. 사기죄에서는 자신을 위한 사기에서 손해와 이익은 동질적인 것이어야 하지만, 부정거래행위죄에서는 그런 동질성이 요구되지

---

87) 무형적 이익을 포함한다는 견해로 대판 2002.7.22, 2002도1696.

88) 유형적 이익에 국한하는 견해로 황동욱, *불법증권거래와 손해배상* (1997), 248쪽.

89) 최승재, "자본시장법상 불공정거래에 대한 규제", *한국금융법학회 2009년 하계 학술발표회* (2009.9.29.) 발표문, 21쪽; 또한 김건식·정순섭, *자본시장법* (두성사, 2009), 336쪽 참조.

않는다. 따라서 불법이득의사를 간접적 불법이득의사로 해석하여도 형법상 금지된 유추에 해당하지는 않고, 확장해석에 해당할 뿐이다.

(다) **성향개념** 이런 목적의사는 매우 특별한 내면의식을 표현하는 개념(성향개념, Dispositionsbegriff)으로서 그 개념적용의 성패는 그런 의식의 존재를 추론하는 데 사용되는 간접사실들이 얼마나 수집되고 어떻게 이용되느냐에 따라 좌우된다. 즉, 주가조작고의의 귀속은 절차적으로만[90] 합리적일 수 있다.

[주가조작에 의한 이득의사의 간접사실들] 이 간접사실들은 무수히 많은 데, 대표적인 예로는 ① 행위자의 재산상황이나 주가상승에 따른 경제적 이익취득의 기대, 담보부족이나 적자결산 등과 같은 행위자에 관계된 경제적 상황, ② 분식회계나 차·가명계좌의 이용, 적극적인 투자권유 등과 같은 행위수단과 방법, ③ 증권거래 횟수, 평균거래량, 전후의 거래상황, 전체거래에서 차지하는 비중, 일일평균거래량과의 차이 등과 같은 증권거래행위의 패턴과 특성, ④ 주가상승 후 매도의 즉각성이나 전환사채전환 등과 같은 차이실현요소 등을 들 수 있다.

2) 제한해석 주가조작의 실행행위 표지들을 엄격하고 일관되게 적용하여야 한다. 하지만 이 엄격성이 물론 형법전의 해석에서보다도 더 강해야 할 필요는 없다. 몇 가지 예를 들어 본다.

- 첫째, 예컨대 "유포"(제176조 제2항 제2호)는 불특정한 다수인에게만이 아니라[91] 전파가능성이 있는 특정한 개인에게 말한 경우까지 포함한다고 해석해도 된다.
- 둘째, 그러나 다른 예로 "표시"(제176조 제2항 제3호)를 (전파가능성이 없는) 특정한 소수의 개인에게 한 경우를 포함하는 것으로 확

90) 이에 관해 이상돈, "고의의 귀속과 절차적 지평", *형법학: 형법이론과 형법정책*(1999), 347~349쪽 참조.

91) 불특정한 다수인은 유포보다 좁은 개념인 '공연'(公然)히 적시'라는 개념의 의미로 이해될 수 있다.

장[92]하는 것은 옳지 않다.

- 셋째, 또 다른 예로 "중요한 사항"(제176조 제2항 제3호)의 개념도 유가증권 발행 자체에 관한 것이 아니라, 그 발행인이 속하는 산업계나 증권시장 전체에 관한 것과 같은 정보를 포함한다고 보는 것도 금지된 유추에 해당한다.

이러한 방향의 법해석은 완결된 것이 아니며, 앞으로 발생하는 다양한 주가조작행위에 관철되어야 하고, 또한 그렇게 함으로써 주가조작죄의 구체적인 법규범이 형성된다. 또한 그런 법규범이 형성하는 의미의 공간은 증권선물위원회가 주가조작행위들을 통제할 때 주로 따르는 '경제와 효율성의 논리'가 작동하는 외곽을 형성한다.

92) 박삼철, "우리나라의 시세조종행위 규제에 관한 고찰", *증권조사월보* (제216호, 1995.4), 33쪽.

제 2 장

주식공모사기

Ⅰ. 주식공모사기의 의의

Ⅱ. 주식공모와 자본시장법상 부정거래행위죄의 성립여부

Ⅲ. 주식공모와 형법상 사기죄 성립여부

Ⅳ. 외부감사법상의 분식회계죄와 외부감사방해죄

Ⅴ. 상법상 부실문서행사죄의 성립여부

이 글의 출처와 생성

제2장의 글은 "주식공모사기" (고시연구, 2002, 10월호, 101~112쪽)에서 비롯되었다. 이 글은 보완·증보되어 윤리경영과 형법 (신영사, 2005), [5]단락에 수록되었다. 이후 자본시장법의 시행과 판례의 축적 그리고 주가조작죄의 연구, 더 나아가 회사형법의 논의가 추가하여 새롭게 정리한 글이 제2장의 글이다.

Ⅰ. 주식공모사기의 의의

1. 주식공모사기의 현상

주식의 발행은 자본주의의 근간인 주식회사가 성립하고 자본을 확충하는 수단 중에서 가장 대표적인 것이다. 이 중에서도 주식공모(株式公募)[1)]는 특정 주주들만을 대상으로 주식을 발행·배당하는 것이 아니라 일반인을 대상으로 하여 주식을 모집하는 것을 말한다. 따라서 주식공모 시에는 일반투자자들에게 발행회사와 증권에 관하여 정확한 정보를 제공할 것이 요구된다. 그러나 때때로 기업들은 공모를 통한 자금조달을 용이하게 하기 위하여 당해 기업의 재무상황에 대하여 일반적으로 인정된 회계관습이나 기업회계기준에 위반하는 회계처리를 하기도 하는데, 이를 분식회계(粉飾會計)라고 한다.[2)] 분식회계는 회계정보 이용자의 해당기업의 경제적 실체에 대한 합리

1) 공모(公募)는 모집과 매출로 나누어지는데, ① 모집이란 50명 이상의 자에게 신규로 발행되는 유가증권의 취득의 청약을 권유하는 것이고, ② 매출이란 이미 발행된 유가증권의 소유자가 50명 이상의 자에게 그 유가증권의 매도의 청약을 하거나 매수의 청약을 권유하는 것을 말한다. 금융감독원, *유가증권 발행·기업공시 안내* (2004), 8쪽.

2) 원래 분식회계라는 표현은 법학, 회계학 등에서 사용되는 용어가 아니며 경제계에서 관습적으로 사용되는 용어이다. 경제사전 등에서는 분식회계를 "기업이 회사의 실적을 좋게 보이기 위해 고의적으로 자산이나 이익 등을 크게 부풀려 회계장부를 조작하는 것"이라고 정의하고 있다. 이와 같이 분식회계를 고의적으로 회계자료를 조작한 것(고의적 회계부정)에 한정하는 입장이 있는가 하면 회계기준 적용오류나 공시오류, 회계적 판단의 차이 등 까지도 분식회계의 범주에 들어간다는 입장도 있다. 주식공모사기에 있어서는 고의적으로 회계자료를 조작하는 것이므로 분식회계의 범위가 어디까지에 미치는가에 관한 논의는 크게 문제되지 않는다.

적인 판단과 의사결정을 그르친다는 점에 비난가능성이 있다. 이와 같은 분식회계를 통한 자금조달은 대상회사의 재무상황 등의 투자정보에 관하여 일반투자자들을 속이는 구조를 띠기 때문에 일반적으로 주식공모사기로 불린다. 주식공모사기행위의 대표적인 사례를 살펴보면 다음과 같다.

> [주식공모사기사건의 대표사례] Y화학공업(주)의 대표이사 甲과 상무이사 乙은 기업공개를 추진하고 있던 2008.12.경 회계부장 丙으로부터 당해연도에 150억원의 당기순손실이 발생할 것이라는 보고를 받았다. 甲은 '기업공개요건에 맞게 당기순이익을 정하고 거기에 맞춰 결산하라'고 丙에게 지시하였다. 乙도 그 당시 기업공개요건인 '납입자본이익률이 15퍼센트 이상 되도록 당기순이익을 약 50억 원 정도로 맞추기 위해 재고자산, 매출액 등을 상향조정하고, 경비 등을 누락시키는 방법으로 분식 결산하라'고 재차 지시하였다. 이에 따라 丙은 원재료인 연괴의 수량을 실제보다 1,000여 톤 증가시켜 재고액을 과대계상하고, 어음채무를 430억 8,200여 만원을 누락시킴으로써 2008사업연도에 50억여원의 당기순이익이 실현된 것처럼 대차대조표 및 손익계산서 등을 작성하였다. 2009.7.9. 이러한 재무제표 내용을 그대로 기재한 증권신고서를 작성하여 제출하였고, 2009.7.27. 금융위원회가 위 신고서를 수리함에 따라 액면 금 5,000원권 기명식 보통주식 2,700,000주, 공모총액 220억 9,500만원(액면가 총액 금 130억 5,000만원)의 주식을 1주당 발행가액 금 8,500원에 발행하여 신주를 모집하면서, 2009.7.30.에 금융위원회, 한국증권거래소, Y(주) 사무실 소재지, D증권주식회사 본점 및 지점 등 청약사무 취급 장소에 위 증권신고서와 동일한 내용의 사업설명서를 비치하였다.

2. 법제화의 현황

독일 형법 제264조a의 자본투자사기(Kapitalanlagebetrug)는 이러한 행위유형을 독자적으로 범죄화 한 구성요건이다. 그러나 우리나라 형법전에는 이와 같은 주식공모사기를 직접 규율하는 독자적인 구성요건이 존재하지 않는다. 그러므로 주식공모사기에 대한 형법적 통제와 관련하여서는 형법전상의 사기죄(제347조), 「자본시장과 금융투자업에 관한 법률」(이하: 자본시장법)상의 부정거래행위죄(제443조 제1항 제178조 제1항 2호), 「주식회사의 외부감사에 관한 법률」상의 분식회계죄(제20조), 「상법상의 부실문서행사죄」(제627조) 등의 적용 가능성이 문제될 수 있다.

3. 자본시장법과 형법의 규율관계

주식공모과정에서 분식회계에 의한 허위기재를 증권신고서나 사업설명서에서 그대로 사용하는 것은 주식공모라는 자본거래가 사기적 요소를 갖고 있음을 말한다. 이 사기적 요소는 주식공모라는 자본거래가 불공정거래임을 말해준다.

(1) **법제상태** 이 불공정거래를 직접 규제하는 법은 자본시장법 제4편이며, 주식공모사기는 제4편의 제3장 부정거래행위죄(제178조 제1항, 2호)이다.

> **자본시장법 제178조(부정거래행위 등의 금지)** ① 누구든지 금융투자상품의 매매(증권의 경우 모집·사모·매출을 포함한다. 이하 이 조 및 제179조에서 같다), 그 밖의 거래와 관련하여 다음 각 호의 어느 하나에 해당하는 행위를 하여서는 아니 된다.
>
> 2. 중요사항에 관하여 거짓의 기재 또는 표시를 하거나 타인에게 오해를 유발시키지 아니하기 위하여 필요한 중요사항의 기재 또는 표시가 누락된 문서, 그 밖의 기재 또는 표시를 사용하여 금전, 그 밖의

재산상의 이익을 얻고자 하는 행위

제443조(벌칙) ① 다음 각 호의 어느 하나에 해당하는 자는 10년 이하의 징역 또는 5억원 이하의 벌금에 처한다. 다만, 그 위반행위로 얻은 이익 또는 회피한 손실액의 3배에 해당하는 금액이 5억원을 초과하는 경우에는 그 이익 또는 회피한 손실액의 3배에 상당하는 금액 이하의 벌금에 처한다.

8. 금융투자상품의 매매(증권의 경우 모집・사모・매출을 포함한다), 그 밖의 거래와 관련하여 제178조제1항 각 호의 어느 하나에 해당하는 행위를 한 자

② 제1항 각 호의 위반행위로 얻은 이익 또는 회피한 손실액이 5억원 이상인 경우에는 제1항의 징역을 다음 각 호의 구분에 따라 가중한다.

1. 이익 또는 회피한 손실액이 50억원 이상인 경우에는 무기 또는 5년 이상의 징역에 처한다.
2. 이익 또는 회피한 손실액이 5억원 이상 50억원 미만인 경우에는 3년 이상의 유기징역에 처한다.

③ 제1항 또는 제2항에 따라 징역에 처하는 경우에는 10년 이하의 자격정지를 병과(竝科)할 수 있다.

제447조(징역과 벌금의 병과) ① 제443조부터 제446조까지의 규정에 해당하는 죄를 범한 자에게는 징역과 벌금을 병과할 수 있다.

② 제443조 제2항에 따라 가중처벌을 받는 자에게 제1항에 따라 벌금형을 병과하는 경우에는 그 위반행위로 얻은 이익 또는 회피손실액의 3배에 상당하는 금액 이하의 벌금에 처한다.

이 규정은 미국의 포괄적 사기금지조항(general anti-fraud provision[3])인 1934년 증권거래법(Securities Exchange Act of 1934) Section 10(b)[4]와 그 위임에 의해 공포된 SEC Rule 10(b)-5[5]를

3) 포괄조항(general provision)의 개념은 이에 관해 William B. Herlands, "Criminal Law Aspects of the Securities Exchange Act of 1934", *Virginia Law Review* (Vol.21 No.2, 1934), 141, 143쪽 참조.

4) SECURITIES EXCHANGE ACT OF 1934 SEC. 10. It shall be unlawful for any person, directly or indirectly, by the use of any means or instrumentality of interstate commerce or of the mails, or of any facility of

모델링하여 만들어진 것이다.

다른 한편 여기서 사기라는 개념은 허위기재의 증권신고서나 사업설명서를 사용한 주식공모행위가 형법전상의 사기죄에도 해당할 수 있음을 말해준다.

> **형법 제347조 제1항 제347조(사기)** ① 사람을 기망하여 재물의 교부를 받거나 재산상의 이익을 취득한 자는 10년 이하의 징역 또는 2천만원 이하의 벌금에 처한다. ② 전항의 방법으로 제삼자로 하여금 재물의 교부를 받게 하거나 재산상의 이익을 취득하게 한 때에도 전항의 형과 같다.
>
> **특정경제범죄 가중처벌 등에 관한 법률 제3조(특정재산범죄의 가중처벌)** ① 형법 제347조(사기)…의 죄를 범한 자는 그 범죄행위로 인하여 취득하거나 제3자로 하여금 취득하게 한 재물 또는 재산상 이익의 가액(이하 이 조에서 "이득액"이라 한다)이 5억원 이상인 때에는 다음의 구분에 따라 가중처벌한다.
>
> 1. 이득액이 50억원 이상인 때에는 무기 또는 5년 이상의 징역에 처한다.

---

any national securities exchange- …… (b) To use or employ, in connection with the purchase or sale of any security registered on a national securities exchange or any security not so registered, or any securities-based swap agreement, any manipulative or deceptive device or contrivance in contravention of such rules and regulations as the Commission may prescribe as necessary or appropriate in the public interest or for the protection of investors.

5) SEC Rule 10b-5 (Employment of Manipulative and Deceptive Devices): It shall be unlawful for any person, directly or indirectly, by the use of any means or instrumentality of interstate commerce, or of the mails or of any facility of any national securities exchange, To employ any device, scheme, or artifice to defraud, To make any untrue statement of a material fact or to omit to state a material fact necessary in order to make the statements made, in the light of the circumstances under which they were made, not misleading, or To engage in any act, practice, or course of business which operates or would operate as a fraud or deceit upon any person, in connection with the purchase or sale of any security.

2. 이득액이 5억원 이상 50억원 미만인 때에는 3년 이상의 유기징역에 처한다.
② 제1항의 경우 이득액 이하에 상당하는 벌금을 병과할 수 있다.

즉, 주식공모의 부정거래행위가 중요사항에 관하여 "거짓의 기재 또는 표시를 하"여 투자자를 착오에 빠뜨리거나 "기재 또는 표시가 누락된 문서"를 사용함으로써 오해를 유발하는 행위는 투자자인 "타인을 기망"하는 사기죄의 실행행위가 될 가능성이 있다. 그러므로 주식공모의 부정거래행위에 대해서는 사기죄가 성립하는지도 검토해야 한다.

(2) **불법의 비교** 주식공모사기에 대하여 부정거래행위죄와 사기죄의 적용을 (특히 검찰) 실무적으로 검토할 때에는 부정거래행위죄를 우선적으로 적용해야 한다.

1) **법정형의 차이** 그 이유는 첫째, 부정거래행위죄는 법정형이 사기죄보다 무겁다는 점에서 찾을 수 있다. 여기서 더 무겁다는 점은 단지 가중처벌의 편의성을 말해주는 것이 아니라 사기적 주식공모행위의 불법에 상응하는 형벌일 가능성을 말해준다. 예컨대 사기죄의 벌금형 최대 2천만원은 자본시장에서 사기적인 주식공모행위의 결과를 제거하기에는 매우 부족하다. 하지만 「특정경제범죄 가중처벌 등에 관한 법률」 제3조에 의해 가중되는 경우에는 — 자격정지의 병과를 제외한다면 — 자본시장법의 가중형(제443조 제2항)과 같다.

2) **불법의 유연화** 둘째, 부정거래행위죄가 사기죄보다는 성립의 요건이 완화되어 있어, 그 성립이 용이하다. 부정거래행위죄는 기망적 수단을 사용한 것만으로 범죄가 성립하고, 재산처분행위나

손해의 발생과 이익의 취득은 성립요건이 아니기 때문이다. 또한 행위반가치 불법의 핵심인 기망의 경우도 사기죄는 '사실'(Tatsache)에 대한 기망이어야 하지만, 부정거래행위죄는 견해나 가치판단도 오해를 유발시키는 표시면 무방하다.[6] 이처럼 부정거래행위죄는 사기죄보다 불법이 유연화되어 있다.

3) 보호법익과 보호객체의 차이 부정거래행위죄는 자본시장에 참여하는 행위의 도덕성을 요구함으로써 투자자를 보호하는 구성요건이다. 이 점은 시장의 가격결정기능을 보호하려는[7] 주가조작죄와 다르고, 사기죄의 보호기획에 근접한 것이다. 그러나 다른 한편 부정거래행위죄는 부정거래행위자가 피해자 또는 그 대리인을 직접 기망해야 하는 사기죄와는 달리 거래시장을 속일 때 이미 성립가능하다. 즉, 부정거래행위죄는 시장에 대한 사기(fraud on market)인 반면, 사기죄는 사람에 대한 사기인 것이다. 이로써 부정거래행위죄의 보호법익은 보편적 법익인 반면, 사기죄는 개인적 법익(재산)이 된다.

물론 보편적 법익이므로 부정거래행위죄에는 불법이득의사가 필요하지 않다고 보는 것은 형법논리적 결론이다.[8] 하지만 주가조작죄의 명확성과 비례성을 높이기 위해 불법이득의사는 개인적 법익에 대한 범죄인 사기죄와 마찬가지로 요구된다. 특히 주식공모사기에 적용되는 부정거래행위죄의 구성요건은 "중요사항에 관하여 거짓의

6) 이런 결론을 독일 증권법(Börsengesetz) 제88조의 유토사기죄 해석에서도 보여주는 Eberhard Schwark, *Börsengesetz* (C.H. Beck, 2004), §88-5 참조.

7) 그러므로 부정거래행위죄를 "증권시장의 합리적 가격결정과 자유로운 수급질서"(*증권시장의 불공정거래 사례* (금융감독원, 1999), 8쪽)를 위태롭게 하는 행위들로 보는 것은 적절하지 않다.

8) 이런 관점은 독일 증권법 제88조의 Kursbetrug의 실행행위의 해석으로 지배적인 것이기도 하다.

기재 또는 표시를 하거나……그 밖의 기재 또는 표시를 사용하여 금전, 그 밖의 재산상의 이익을 얻고자 하는 행위"(제178조 제1항 2호)라고 규정함으로써 불법이득의사를 명문으로 요구하고 있다.

(3) **상호보완적인 전문법(증권형법)의 형성** 이상에서 보면 부정거래행위죄와 사기죄는 이론적으로는 그 불법의 유형적 본질이 서로 다르면서도, 실무적으로는 부정거래행위죄가 사기죄에 대해 우선적으로, 사기죄가 부정거래행위죄에 대해 보충적으로 사용되는 관계에 놓인다. 이런 관계는 아래 도표와 같다. 가령 주식공모사기가 오해를 유발시키는 — 사실이 아닌 — '의견'을 기재한 사업설명서를 사용하였다면 사기죄는 적용이 불가능하고 부정거래행위죄만 적용이 가능하고, 허위의 '사실'을 기재한 사업설명서를 사용하였다면 (그 밖의 사기죄 요건을 충족함을 전제로) 둘 다 적용이 가능하며, 사업설명서에 거짓으로 기재된 사항이 "중요사항"이 아니라면 오로지 사기죄의 적용만이 검토될 수 있다. 이와 같은 상호보완적 관계를 통하여 부정거래행위죄와 사기죄는 주식공모의 경제영역을 규제하는 전문(형)법[9]으로 기능한다.

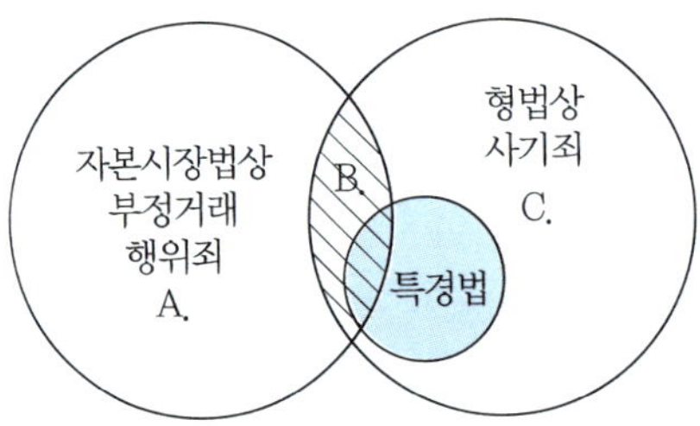

9) 전문법의 개념에 대한 자세한 분석은 이상돈, "전문법 - 이성의 지역화된 실천", *고려법학* (제39호, 2002), 113~151쪽; *기초법학*, 2판 (법문사, 2010) [14] 단락 참조.

Ⅱ. 주식공모와 자본시장법상 부정거래행위죄의 성립여부

증권거래법상 부정거래행위죄(제178조 제1항 2호)에 해당하기 위해서는 ① 금융투자상품의 매매 기타 거래, ② 중요사항, ③ 허위 또는 오해유발의 기재 또는 표시의 사용, ④ 불법이득의사가 요구된다. 첫째, 주식공모는 ① 요건을 충족하고, 증권신고서나 사업설명서에 분식회계된 내용을 담고 있다는 것은 ③요건을 충족한다. 그러므로 주식공모사기의 적용을 좌우하는 것은 중요사항과 불법이득의사의 충족여부이다.

1. 중요사항이 부실하게 표시된 문서의 이용

우선 "중요사항"이란 합리적인 투자자가 유가증권거래에 중요한 가치를 지닌다고 생각하는 정보를 의미한다. 그러나 이런 정보가 구체적으로 무엇을 의미하는가는 전적으로 해석에 맡겨져 있다.[10)]

(1) **합리적 투자를 위한 정보** 현재 내부자거래와 마찬가지로 중요한 사항을 "합리적인 투자자의 증권거래의 판단에 영향을 미치는 사항"으로 이해하는 견해[11)]가 제시되고 있다. 미국 연방대법원은 1934년 증권거래법(SEA) section 10(b)에 근거한 소송에서 중요성 요건을 판단함에 있어 "합리적인 투자자"의 기준(reasonable

10) 바로 이와 같은 점 때문에 이 조항이 명확성원칙을 위반한 것은 아닌지에 대한 의심은 남아있지만, 좀더 세심한 검토를 필요로 하기 때문에 여기서는 다루지 않기로 한다.

11) 한국형사정책연구원, *증권범죄에 관한 연구* (1996), 37쪽.

investor standard)을 적용하고 있다. 연방대법원은 중요한 사실이 되려면 "누락된 사실에 대한 공시가 합리적인 투자자에게 이용 가능한 정보의 총체를 중요하게 변경시키는 것으로 여겨질 실질적인 개연성(substandtial likelihood)이 있어야 한다."[12]고 판시하고 있다. 이렇게 볼 때 중요사항은 다음과 같이 분류될 수 있다.

– 증권자체에 관한 정보	우선주의 우선적 내용이나 전환사채의 전환조건
– 증권발행인에 관한 정보	회사의 영업실적 또는 재무상태
– 증권거래에 관한 정보	증권시세 또는 거래량
– 증권시장에 관한 정보	기관투자가 또는 외국인 투자가의 투자동향, 국내시장전체의 거래상황, 외국증권시장의 거래상황

(2) **정보총량의 변화가능성이 아닌 시세영향력** 이렇게 분류된 정보의 중요성은 단순히 이용가능한 정보의 총량을 변경시킬 가능성이 아니라 이 정보들이 증권시세에 영향을 미칠 수 있는 가능성(Kursbeeinflussung)에 따라 판단해야 한다. 정보총량의 변경가능성은 사실상 모든 사항이 중요사항으로 인정될 위험성이 크기 때문이다. 다시 말해 중요성은 합리적 투자자의 관점에서 부정거래행위에 의해 창출된 왜곡된 정보 대신에 올바른 정보가 시장에 알려졌다면 다른 (부정적인) 시세가 형성될 개연성이 있는 경우에 인정되어야 한다. 그러나 이때 영향가능성은 일반적인 영향가능성임에 주의를 요한다. 즉, 합리적 투자자의 기준이란 주식투자에 참여하는

---

12) To be material, "there must be a substantial likelihood that the disclosure of the omitted fact would have been viewed by the reasonable investor as having significantly altered the total mix of information made available.", Paul, Hastings, Janofsky & Walker, LLP, *SECURITIES LAW CLAIMS: A Practical Guide*, 2004, 79쪽 이하 참조.

사람들의 '평균적인 능력과 지식'을 기준으로 판단하여야 한다. 이를테면 증권신고서에 허위기재된 회계정보가 바르게 교정될 경우에 주주들에게 배당될 배당액이 상당히 줄어들거나, 주식의 펀더멘틀 가치를 나타내는 지표들, 예컨대 주식 1주당 그 기업이 내는 순이익의 비율(주가수익비율, PER: Price Earnings Ratio)이 상당히 떨어지게 되는 경우에 그 허위기재된 회계정보는 중요사항에 관한 것이라 할 수 있다.

앞의 주식공모사례에서 분식회계는 적자기업이 납입자본이익률이 15퍼센트 이상 될 정도로 상당한 것이었으므로 그런 회계내용이 전제된 증권신고서나 사업설명서는 중요사항에 관한 거짓의 기재를 한 문서에 해당된다.

2. 불법이득의 의사

주식공모사기가 부정거래행위죄(제178조 제1항 2호)에 해당하려면 행위자는 '금전, 그 밖의 재산상의 이익을 얻고자 하'였어야 한다. 즉, 불법이득의사가 있어야 한다.

(1) **제3자를 위한 부정거래행위죄의 인정여부** 부정거래행위죄의 불법이득의사는 형법 제347조의 사기죄의 성립에 필요한 불법이득의사와 비교해볼 때 중대한 차이가 있다.

1) **사기죄와 부정거래행위죄의 차이** 형법 제347조 제2항은 불법이득의 취득자가 행위자 자신인 경우뿐만 아니라 제3자인 경우에도 사기죄로 처벌하고 있는 반면, 부정거래행위죄는 "누구든지… 표시를 사용하여 금전, 그 밖의 재산상의 이익을 얻고자 하는 행위"

라고 규정함으로써 행위자 자신이 불법이득을 직접 취득하려는 의사가 있는 경우에만 불법이득의사를 인정할 수 있다.

2) 주식공모사기의 제3자를 위한 분식회계 그러나 분식회계사건은 '제3자를 위한 사기'의 구조를 갖고 있다. 허위의 재무제표를 작성하거나 회사의 재무상황을 은폐하는 행위를 하는 자는 회사의 (대표)이사 그리고(또는) 회계담당자인 반면, 주금납입을 통해 재산상의 이익을 취득하는 자는 회사이다. 행위자 자신의 의도 또한 일반적으로 자신이 직접 불법이득을 취득하려는 것이 아니라 회사에 필요한 자본을 조달하기 위한 것이다. 이렇게 보면 주식공모에서 분식회계를 지시한 대표이사 등에게는 부정거래행위죄가 성립할 수 없게 된다.

(2) **확장해석** 그렇지만 부정거래행위죄가 사기죄와 같은 개인적 재산에 대한 범죄가 아니라 자본시장의 기능을 왜곡하는 범죄라는 점을 중시한다면 회사가 부정거래로 이익을 얻게 한 대표이사 등의 분식행위자들에게도 부정거래행위죄가 성립할 수 있어야 한다.

1) 부당이득의사에 의한 확장 여기서 "금전 기타 재산상의 이익을 얻고자 하는" 의사를 '불법이득의사'가 아니라 부당이득의사로 해석할 수 있다. 예컨대 제178조 제1항 2호가 적용되는 예로 "회사 내부자 등이 당해 법인의 주식을 매수한 후 신사업진출 등 호재성 재료를 허위로 발표하여 주가를 상승시킨 후에 매도하여 부당이득을 취하는 경우"[13]를 드는 사법학자들의 해석에 주목할 수 있다.

---

13) 최승재, "자본시장법상 불공정거래에 대한 규제", *한국금융법학회 2009년 하계 학술발표회* (2009.9.29.) 발표문, 21쪽; 또한 김건식 · 정순섭, *자본시장법* (두성사, 2009), 336쪽 참조.

이 해석에 의하면 불법이득의사는 부당이득의사로 확장된다. 부당이득은 재산적 이익에 국한하지 않고, 경영권 획득이나 회사 내의 지위 상승 또는 강화 등도 포함한다. 그러나 이런 해석은 제178조 제1항 2호의 "금전 기타 재산상의 이익"을 유추한 해석이다. 손해배상책임(제179조)을 물을 때 허용가능할 수는 있어도, 형사책임을 묻을 때에는 허용되지 않는 해석이다.

2) **간접적 불법이득의사** 또 다른 방법은 "재산상의 이익을 얻"는다는 문언을 직접적으로 얻는 경우 이외에 간접적으로 얻는 경우까지 포함시키는 해석이다. 즉, 분식회계와 주식공모로 자본을 조달하여 사업을 번성시킴으로써 회사의 적자를 극복하고 수익률을 높임으로써 대표이사 등은 봉급을 더 많이 받거나 스톡그랜트의 이익을 얻게 되는 것도 불법이득에 포함시키는 해석이다. 이런 해석은 "금전 기타 재산상의 이익을 얻고자 하는"이란 문언의 유추적용이 아니라 확장적용이 된다. 왜냐하면 사기죄의 경우에는 재산상 손해와 취득한 이익이 동질적인 것이어야 하지만, 부정거래행위죄에서는 그런 동질성이 전제되어 있지 않기 때문이다. 이는 개인적 법익인 재산범으로서 사기죄와 보편적 법익인 자본시장의 기능에 대한 범죄로서 부정거래행위죄 사이의 차이에서 비롯되는 것이기도 하다.

3. 제한해석

부정거래행위죄의 법정형은 이를테면 허위·통정거래에 의한 주가조작죄(제443조 제1항 4호, 제176조 제1항, 1,2,3호)와 같다.

(1) **약한 불법, 중한 처벌** 그러나 부정거래행위죄가 그 정도

로 강한 제재를 받아 마땅한 것인가에 의문이 들 수 있다. 왜냐하면 무엇보다도 부정거래행위는 자본시장의 가격결정을 직접 왜곡하는 행위가 아니기 때문이다.

> 가령 분식회계에 의한 주식공모사기에서 증권신고서에 기재된 당해회계연도 당기순이익 500억이라는 결과를 담은 허위기재만으로 해당 회사의 주가가 그렇지 않았을 경우에 형성되었을 주가보다 높게 형성될 개연성이 발생하는 것은 아니다.[14] 분식회계가 없었고, 재무구조가 건실한 회사도 경제상황의 변화에 따라 자금의 유동성위기를 겪다가 마침내는 기업개선작업(work-out)이나 회사정리절차에 들어가고, 주가는 곤두박질 칠 수도 있다. 이렇게 볼 때 부정거래행위와 주가 사이에는 형사책임을 귀속시키는 근거가 될만한 어떤 인과관계도 존재하지 않는다.

여기서 부정거래행위죄의 법정형을 낮추는 입법론적 과제와 법개정 이전까지는 그 구성요건을 최대한 제한해석하는 해석론적 과제가 등장한다.

(2) **투자유인효과의 입증요구** 그런 제한해석의 한 방안으로 "오해를 유발시키"는 문언을 '투자유인효과'를 포함하는 의미로 축소해석(목적론적 축소해석)하고, 이 요건을 다른 양태의 실행행위(거짓의 기재 등)에 대해서도 필요하다고 보는 해석이다. 즉, 주식공모사기에서 허위 또는 오해유발의 기재를 한 사업설명서가 투자자가 공모주식을 매수하는 거래의 원인이 되었다는 점('거래인과관계')이 입증된 경우에만 부정거래행위죄를 인정하여야 한다. 이는 마치 사기죄의

---

14) 이렇게 증권범죄영역에서는 과거 또는 현재의 사실을 부실표시의 대상으로 해석하는 것조차 문제가 없지 않은 점을 고려한다면, 미래에 대한 예측과 전망을 부실표시의 대상으로 이해하는 해석(형사정책연구원, *증권범죄에 관한 연구*, 1996, 37쪽)은 더욱더 신중하게 살펴보아야 한다.

요건 <기망→착오→재산처분행위→재산상 손해→재산상 이득>의 인과적 과정에서 <착오→재산처분행위>의 인과적 과정의 단락을 부정거래행위죄의 요건으로 추가해 넣는 것이라고 볼 수 있다.

Ⅲ. 주식공모와 형법상 사기죄 성립여부

주식공모사기의 전 과정은 대개 분식회계를 출발점으로 하여 주식시세 폭락으로 이어지는 일련의 과정으로 이루어진다. 이 과정을 사기죄의 실행과정으로 바라볼 수 있다. 사기죄의 해석론에 의하면 주식공모사기는 사기죄의 5가지 성립요건(기망행위→착오→재산처분행위→손해발생→손해와 자료가 동일적인 이익의 취득)을 충족할 때 사기죄가 된다.

1. 기망행위

여기서 주식공모의 성공을 위해 행한 분식회계는 투자자에게 허위정보를 창출·제공한다는 점에서 사기죄의 기망행위로 이해될 수 있다.

(1) **기망의 요소들** 기망행위의 판단인자로는 아래의 행위를 예로 들 수 있다:

- **분식회계** 재고자산의 과대계상과 지급어음채무누락을 통한 대차대조표 및 손익계산서 등을 허위로 작성하는 분식회계행위
- **허위의 증권신고서 비치** 허위의 내용을 담은 증권신고서를 주사

무소 소재지 등에 비치하는 행위
- **사업설명서 비치** 증권신고서와 동일한 내용의 사업설명서를 작성하여 비치하는 행위
- **부실감사보고서 이용** 감사인의 감사보고서가 진실한 내용이 아니라는 것을 알면서도 이용하는 행위

(2) **기망의 대상으로서 사실** 재무제표에 허위사실을 기재하거나 투자자에게 거짓정보를 제공하는 행위는 기망행위에 해당한다. 주식공모사기에서 기망의 대상은 여러 가지이다. 첫째, 주식공모하려는 회사의 대표이사 등이 예상한 당해연도의 적자를 감추는 것도 기망이 될 수 있다. 다만 이때 기망의 대상은 예측정보이다. 그러나 예측정보는 기망행위의 대상인 사실(Tatsache)로 보기 어렵다. 예측정보는 과학적인 것이긴 하지만 의견의 표현이라고 할 수 있다. 부정거래행위죄와는 달리 사기죄의 성립요소로서 기망은 오직 사실에 관한 것이야 한다. 따라서 적자를 감추는 것만으로는 기망을 인정할 수 없다. 둘째, 그러나 적자를 감추기 위해 허위로 작성한 재고자산의 규모와 어음거래내역은 과거와 현재의 사실이므로 기망의 요건이 충족된다.

2. 착오와 재산처분행위

일반투자자들이 주사무소 소재지, 주식공모 주간사회사 영업장, 금융감독위원회 등에 공시된 증권신고서나 사업설명서를 보고 투자대상회사의 건실함을 믿었다면, 그런 인식은 착오에 해당한다.

주식청약 후 주금을 납입한 것은 투자자의 재산을 직접적으로 감소시키는 것은 재산처분행위에 해당한다.

3. 손해의 발생

판례[15]와 일부학설[16]은 재산상 손해발생이 없어도 사기죄가 성립한다고 본다. 그러나 다수의 학설은 재산상의 손해발생을 사기죄의 구성요건요소로 이해한다.

(1) **손해발생의 의미** 다수학설에 따를 때 무엇을 재산상 손해로 볼 것인지는 서로 다를 수 있다.

- **현실적 침해설** 회사가 부도난 후 주식시세가 폭락하여 손해(= 주식취득가격 - 주식매도가격)를 감수하고 주식을 매도했을 때 손해발생을 인정할 수 있다.
- **구체적 위험설** 재산에 대한 현실적인 침해뿐만 아니라 재산권자가 재산가치의 감소를 막을 수 없는 구체적인 위험이 발생한 경우에도 재산상 손해의 발생을 인정할 수 있다.[17] 이 견해에 따르면 일반투자자가 주금을 은행계좌에 납입한 순간에 돌이킬 수 없는 재산상 손해발생의 구체적 위험이 발생한 것으로 볼 수 있다.
- **경제적 합리성 침해설** 피해자가 달성하려고 했던 경제적·사회적 목적이 실패한 경우, 다시 말해 경제적 합리성이 침해된 경우에 재산상 손해발생이 인정된다.[18] 이 견해에 따르면 회사의 재무상태에 대한 거짓정보를 진실한 것으로 믿고 주식거래를 했다는 점에서 사기죄의 기수를 인정할 수 있다.

여기서 구체적 위험설이나 경제적 합리성 침해설에 따라 분식회

---

15) 대표적으로 대판 2000.7.7, 2000도1899 ; 1995.3.24, 95도203 ; 1996.2.13, 95도2121; 1992.9.14, 91도2994 참조.

16) 오영근, "사기죄의 보호법익", *공범론과 형사법의 제문제* (1997), 711쪽 아래.

17) 이재상, *형법각론* (박영사, 2004), 342쪽; 박상기, *형법각론* (박영사, 2005), 327쪽.

18) 김일수, *한국형법 III* (박영사, 1997), 728쪽 아래.

계에 의한 주식공모를 사기죄에 포섭시키는 것은 재산범죄를 사실상 경제범죄로 변질시킨다고 할 수 있다.

[사기죄해석과 형법정책] 사기죄를 통한 재산의 형법적 보호영역을 어디까지로 한계 지을 것인가, 구체적으로 재산에 대한 침해에 국한시킬 것인가 아니면 침해를 넘어 재산에 대한 (구체적·추상적) 위험으로까지 확장할 것인가는 형법(의 기능)에 대한 근본관점에 따라 다르게 대답될 수 있다. ① 형법을 통한 위험예방의 관점[19]을 따른다면 구체적 위험설이나 경제적 합리성 침해설을 논증도구로 사용하여 분식회계에 의한 주식공모사건에도 사기죄를 적용하려고 시도할 것이다. 그러나 이런 관점은 구체적인 자본투자현실을 왜곡하는 측면이 많다. ② 일반 투자자들이 주식공모를 하는 회사의 재무상태가 조작되었다는 사실을 알지 못한 상태로 주식청약을 하고 주금을 납입하였다고 하여, 곧바로 투자자들에게 재산상의 손해가 발생했다고 볼 수 있을지는 매우 불투명하다(unübersichtbar). 왜냐하면 거짓된 회계에 기초한 사업설명서의 공시시점부터 그 회사의 최종부도사실 발표시점 사이에도 모든 투자자는 자신의 투자능력이나 증권거래시장의 가변적인 상황에 따라 시세차익을 얻을 수도 있고, 손해를 입을 수도 있기 때문이다. 이렇게 볼 때 주식공모에서 분식회계를 사용하는 기망행위는 투자자의 재산을 침해(하거나 또는 위태화)하거나 경제적 합리성을 그르친다고 보기보다는 자본시장의 기능을 위태롭게 하는 행위라고 보아야 한다. ③ 이런 점에서 독일은 형법전에 사기죄(제263조)와는 별도로 자본투자사기죄(제264조a)를 신설한 바 있다.

(2) 주식공모사기에서 형법적 귀속가능한 손해 따라서 사기죄의 손해는 현실적으로 침해된 손해로 보아야 한다.

1) 분식회계와 직접 관련된 손해 그러나 손해는 《매입가액 — 분식결산으로 인해 하락한 주식가액》이라는 차액설보다는 분식

---

19) 형법의 위험예방법화에 대해서 자세하게는 이상돈, *형법학* (법문사, 1999), 162쪽 아래 참조.

회계로 직접 영향받은 손해[20]로만 파악해야 하고, 그런 손해개념으로는《분식결산으로 인한 거래정지전의 정상적 주식가격 — 거래정지 해제 후 하종가를 벗어난 시점에 정상적으로 형성된 주식가격 또는 그 이상 가격으로 매도한 가격》으로 봄이 타당하다.

2) 사기죄의 보호영역과 형법적 귀속가능한 손해 물론 이런 손해도 모두 주식공모사기에 귀속될 수 있는 것은 아니고, 형법 제347조 제1항의 효력영역(보호목적) 안에서 발생한 손해만 귀속될 수 있다. 그렇게 귀속가능한 손해는 특히 피해자(투자자)가 '자율적 의사결정으로 스스로를 위태화'(freiwillige Selbstgefährdung)한 위험이 실현된 결과가 아니어야 한다. 바꿔 말해 손해는 투자자가 자기의 위험부담으로(auf eigene Gefahr) 내린 결정의 결과가 아니어야 한다. 이런 귀속조건을 충족하려면 투자자가 획득가능했고, 사용한 투자정보가 '이례적으로 매우 열악'한 경우이어야 한다. 즉, 사실상 분식회계된 재무제표가 거의 유일한 투자정보였어야 한다. 이런 귀속조건을 충족하는 투자자의 손해는 형법상 사기죄의 손해개념에도 해당한다.[21]

(3) 손해와 동질적인 자료로서 이익의 취득 투자자의 손해를 인정해도 그 손해와 회사(=제3자)가 취득한 재산상의 이익은 그 자료가 동질적인 것(Stoffgleichheit)이어야 한다. 주가가 폭락하여 입게 된 투자자의 손해는 그 폭락한 부분과 회사에 주금으로 납입된 금액과 같은 것이라고 할 수 있다. 그러므로 재산상 이익취득의 손해와의 자료동질성은 인정된다. 물론 사기죄는 제3자를 위한 사기가

---

20) 이 개념에 대해서 이상돈, *부실감사법* (법문사, 2007), 208쪽 아래 참조.
21) 이런 관점으로 이상돈, *부실감사법* (법문사, 2007), 217~218쪽 참조.

인정되므로 대표이사가 얻는 이익과 회사가 납입받은 주금과 자료동질성이 없다는 점은 사기죄의 성립에 아무런 영향을 주지 않는다.

4. 인과관계

사기죄가 성립하려면 이상의 5가지 요소들을 관통하는 인과관계가 있어야 한다. 주식공모사기에 대입해보면 《분식회계행위 — ① → 투자자의 착오 — ② → 자본투자 — ③ → 주식시세폭락으로 인한 손해발생 — ④ → 회사의 이익취득》을 관통하는 인과관계가 있어야 한다. 이 가운데 ③ 주식공모에 응하여 주금을 납입함으로써 (분식회계와 직접 연관되고 사기죄의 보호영역 안에서 발생한 손해에 국한한) 손해가 발생하는 과정, 그리고 ④ 그 손해가 적어도 부분적으로는 자료동질성이 인정되는 회사의 이익취득으로 이어지는 과정에는 형법상 인과관계를 인정할 수 있다. 다만 ①②의 인과관계가 의문으로 남는다.

(1) **분식회계와 투자자의 착오 사이의 인과관계** 분식회계가 만연했던 시절, 특히 1997년 경제위기 이전의 시대에는 기업이 자본유치를 위해 재무제표를 거짓으로 작성한다는 사실은 언론을 통해 널리 알려진 사실이었다. 이런 상황에서 분식회계는 투자자의 착오를 새롭게 유발하는 적극적 요소가 아니라, 기껏해야 투자자가 갖고 있는 기업의 재무상태에 대한 의심을 약화시키거나 이미 투자자가 그릇된 정보를 갖고 있는 경우 그 착오를 유지(Unterhaltung eines Irrtums)시키는 소극적 요소가 될 뿐이다. 물론 이처럼 소극적 요소라고 하여도 인과관계를 인정하는 견해도 있다.[22] 그러나 적어도 분

식회계에 대한 법적 통제가 강화되고, 기업회계기준이 글로벌 스탠다드를 따르고, 특히 연결재무제표 작성이 의무화되고, 집단소송제가 시행되는 오늘날 자본시장의 상황에서 분식회계는 관행이 아니라, 이례적이며 적극적인 착오유발요소가 된다. 따라서 분식회계와 투자자의 착오 사이에 인과관계를 인정할 수 있다.

(2) 투자자의 착오와 주식공모에 응하는 행위 사이의 인과관계

다음으로 분식회계에 따른 회사의 재무상태에 대한 잘못된 인식이 주식공모에 응하고 주금을 납입하는 행위와 인과관계가 있는지는 매우 강한 의문으로 남는다.

1) 인과관계 인정이 어려운 이유들 왜냐하면 주식공모에 응하는 결정을 할 때 투자자는 회사의 재무상황에 대한 평가를 다양한 경로를 통해서 수집하거나 적어도 할 수 있기 때문이다. 즉, 회사의 재무제표 이외에도 외부감사인의 감사보고서, 신용평가기관의 신용평가등급, 주식투자전문가의 회사진단, 증권회사 직원이 제공하는 회계정보 등 다양한 정보가 당해 회사의 재무정보로 사용할 수 있다. 이렇게 다양한 요소들이 복합적으로 투자자의 착오에 영향을 미친다는 점을 고려할 때 분식회계를 통해 창출된 엉터리회계정보가 투자자의 착오에 얼마만큼의 영향을 미치는지를 가려내기란 거의 불가능하다. 게다가 주식시장에서 투자자들의 일반적인 투자행태, 이를테면 투자종목회사의 재무상황과 상품시장상황, 외국주식시장의 동향, 거시적/미시적 경제상황 등에 대한 면밀한 분석도 하지 않은 채 오로지 시세차익을 얻기 위해 주식투자에 휩쓸리는 투기적 행태

---

22) 착오를 유지시키거나 의심을 분산시키는 경우에도 인과관계를 인정할 수 있다는 점에 대해서는 김일수, *한국형법 III* (박영사, 1997), 717쪽 아래 참조.

는 분식회계사용 주식공모와 주식공모에 응하는 투자자의 재산처분 행위 사이의 인과관계를 인정하기 어렵게 만든다.[23)]

2) 위험증대와 무죄추정원칙 이런 상황에도 불구하고 인과관계에 관한 형법학의 이론들 가운데 위험증대이론(Risikoerhöhungstheorie)에 의하면 분식회계가 투자자가 주식공모에 응할 확률, 즉 재산상 손해를 발생시킬 위험을 (상당히) 증대시켰다면 인과관계를 인정할 수 있다. 그러나 무죄추정설(in dubio pro reo) — 더 정확히는 의심스러울 때에는 시민의 자유이익을 우선한다(in dubio pro libertate) 원칙 — 에 의하면 분식회계를 사용하지 않았다면, 투자자가 주식공모에 응하지 않았을 것이 확실하지 않다면, 즉 합리적 의심이 남아 있다면, 형법상 인과관계를 부정한다.

5. 형법해석정책

이상의 분석에서 보면 분식회계가 일반적인 관행이 아니라 엄격하게 법적으로 통제되는 자본시장의 발전이 있는 사회에서라면 분식회계를 사용한 주식공모가 형법전상의 사기죄 요건 가운데 단 한 가지를 제외하고는 모두 충족시킬 수 있다. 그 단 한 가지는 투자자가 주식공모에 응하는 의사결정을 내릴 때 분식회계를 이용하여 작성한 증권신고서나 사업설명서의 거짓된 표시에 전적으로 의존했어야 한다는 점이다. 그러나 자본시장에 유통되는 다양한 투자정보들은 사업설명서가 주는 재무정보와 경합적인 정보들로 기능한다. 여

23) 데이트레이딩(day-trading)이 매우 활성화 되어 있는 현재의 증권시장 상황에서는 더욱 그러할 것이다. 여기서 데이트레이딩이란 일반적으로 당일 매수한 주식을 다음 날까지 보유하지 않고 당일 매도하는 거래를 하루에 수(십)차례 반복하는 행위, 즉 "초단타매매"를 일컫는다.

기서 사기죄의 적용은 위험증대이론을 따르느냐 무죄추정설을 따르느냐 하는 해석정책에 따라 좌우됨을 알 수 있다.

(1) 독일의 형법정책 독일은 위험증대이론을 따르는 형법정책을 따랐다. 다만 해석이 아니라 입법을 통해, 즉 사기죄와 동일한 법정형(5년 이하의 징역 또는 벌금)으로 제재하는 사기죄의 변형구성요건으로 자본투자사기죄를 설정함으로써 주식공모사기를 사기죄(의 하나)로 처벌하게 되었다.

[독일의 자본투자사기(StGB §264a Kapitalanlagebetrug)] (1) Wer im Zusammenhang mit 1. dem Vertrieb von Wertpapieren, Bezugsrechten oder von Anteilen, die eine Beteiligung an dem Ergebnis eines Unternehmens gewähren sollen, oder 2. dem Angebot, die Einlage auf solche Anteile zu erhöhen, in Prospekten oder in Darstellungen oder Übersichten über den Vermögensstand hinsichtlich der für die Entscheidung über den Erwerb oder die Erhöhung erheblichen Umstände gegenüber einem größeren Kreis von Personen unrichtige vorteilhafte Angaben macht oder nachteilige Tatsachen verschweigt, wird mit Freiheitsstrafe bis zu drei Jahren oder mit Geldstrafe bestraft. (2) Absatz 1 gilt entsprechend, wenn sich die Tat auf Anteile an einem Vermögen bezieht, das ein Unternehmen im eigenen Namen, jedoch für fremde Rechnung verwaltet. (3) Nach den Absätzen 1 und 2 wird nicht bestraft, wer freiwillig verhindert, daß auf Grund der Tat die durch den Erwerb oder die Erhöhung bedingte Leistung erbracht wird. Wird die Leistung ohne Zutun des Täters nicht erbracht, so wird er straflos, wenn er sich freiwillig und ernsthaft bemüht, das Erbringen der Leistung zu verhindern.

(2) **미국식을 따른 우리나라의 형법정책** 그러나 우리나라는 입법적 해결도 아니고 해석론으로, 그리고 독일과 달리 헌법상 원칙인 무죄추정원칙(헌법 제27조)에 위배되면서까지 주식공모사기를 사기죄로 보는 것은 타당하지 않다. 더욱이 자본시장법에서 신설한 부정거래행위죄(제178조 제1항 제2호)에 의해 — 물론 앞서 본 바와 같이 제한해석의 요건을 충족한다는 전제하에 — 처벌할 '가능성'이 새롭게 열려있다. 이는 주식공모사기의 문제를 독일식 모델이 아니라 미국식 모델을 따라 해결한 것이라 할 수 있다.

Ⅳ. 외부감사법상의 분식회계죄와 외부감사방해죄

주식공모사기는 상장회사들의 자본조달 과정에서 일어난다. 특히 주식회사의 기업활동은 「주식회사의 외부감사에 관한 법률」을 준수해야 한다. 「주식회사의 외부감사에 관한 법률」(약칭: 외부감사법)에 따르면 "직전 사업연도말의 자산총액이 100억원 이상인"(외부감사법 시행령 제2조 제1항 제1호) 기업은 재무제표를 작성하여 감사인에 의한 회계감사를, 즉 외부감사를 받아야 한다. 외부감사는 자본시장에 해당 기업의 재무상태를 과학적으로 평가하여 투자자들에게 알려주는 기능을 수행한다. 주식공모를 하는 기업이 분식회계를 하는 경우에는 외부감사체계를 위태롭게 하는 행위가 된다. 이 행위는 특히 분식회계죄와 외부감사방해죄에 해당할 수 있다.

1. 분식회계죄

외부감사의 대상인 회사의 이사, 감사, 회계담당업무자 등이 금융위원회가 증권선물위원회의 심의를 거쳐 정한 회계처리기준(제13조)에 위반하여 거짓으로 재무제표 또는 연결재무제표를 작성·공시한 경우에는 외부감사법 제20조 제1항의 분식회계죄가 성립한다.

> 외부감사법 제20조(벌칙) ①「상법」제635조 제1항에 규정된 자나 그 밖에 회사의 회계업무를 담당하는 자가 제13조에 따른 회계처리기준을 위반하여 거짓으로 재무제표 또는 연결재무제표를 작성·공시한 경우 5년 이하의 징역 또는 5천만원 이하의 벌금에 처한다.

여기서 분식회계죄의 성립요건은 ① 회사의 이사, 감사, 회계담당업무자 등이 ② 금융위원회가 정한 기업회계기준에 위반하여 ③ 거짓의 재무제표·연결재무제표를 작성·공시라는 요소로 구성된다.

(1) **회계처리기준의 위반** 회사의 회계처리기준은 금융위원회가 증권선물위원회의 심의를 거쳐 정한다(제13조).

> 이에 따라 금융위원회(구 금융감독위원회)는 1998.4.1. 기업회계기준을 제정하였다. 기업회계기준에 의하면 "대차대조표는 기업의 재무상태를 명확히 보고하기 위하여 대차대조표일 현재의 모든 자산·부채 및 자본을 적정하게 표시하여야 하고"(제10조: 현재는 기업회계기준서 제21호 "재무제표의 작성과 표시 Ⅰ"로 대체(2006.2.6)), "손익계산서는 기업의 경영성과를 명확히 보고하기 위하여 그 회계기간에 속하는 모든 수익과 이에 대응하는 모든 비용을 적정하게 표시하여야 한다"(제34조: 현재는 기업회계기준서 제21호 "재무제표의 작성과 표시 Ⅰ"로 대체(2006.2.6))고 규정되어 있다. 기업회계기준은 1999년 국제통화기금

(IMF)의 권고를 받아들여 2000년부터 금융감독위원회의 위탁을 받아 한국회계연구원(Korea Accounting Institute) 내부에 위치한 회계기준위원회(Korea Accounting Standards Board: KASB)를 통해 회계기준을 제정, 개정 등의 작업을 하고 있다. 현재 회계기준은 1998.4.1 이후, 18번의 개정을 거쳤다. 현재는 2009.2.27. 개정된 회계기준이다.[24)]

분식회계에 의한 주식공모의 과정에는 흔히 예컨대 재고액 과대계상이나 지급어음채무 누락이라는 수단을 통해서 재무제표를 구성하는 대차대조표, 손익계산서를 거짓으로 작성하고 공시하는 행위가 행해진다.

1) 중요한 사항의 위반 이러한 행위가 기업회계기준에 '법적으로' 위반한 것, 즉 법적 통제를 받을만한 정도로 위반한 것인가를 판단하기 위해서는 그 위반이 중요한 사항에 관한 것이어야 한다. 왜냐하면 재무제표는 기술적으로 언제나 오류를 갖기 쉽고, 따라서 대차대조표나 손익계산서상 매우 경미한 사항에 대하여 진실에 반하는 표시를 하였다고 해서 법적 통제를 가할 수는 없기 때문이다. 여기서 중요한 사항에 대하여 진실에 반하는 표시가 있을 때에만 회계처리기준에 대한 위반을 인정하는 축소해석이 요구된다.

2) 중요성의 기준과 판단 중요성은 재무제표의 이용자(user)와 재무정보의 유용성(usefulness)이라는 두 가지 요소를 고려하여 판단해야 할 것이다. 따라서 재무제표의 이용자에 대하여 재무제표의 유용성을 해치지 않는 것이라면 중요성이 없다고 보아야 할 것이다. 주식공모에서 행한 분식회계로서 재고액의 과다계상과 지급어음채무의 누락이 그 회사의 적자를 감추고 흑자로 가장하는 기능

24) www.kasb.or.kr

을 수행한다면 중요한 사항에 관한 거짓 재무제표의 작성·공시라고 볼 수 있다.

(2) **허위의 재무제표 작성·공시** 법문의 "작성·공시한 때"는 작성하거나 공시한 때가 아니라 '작성하여 공시한 때'로 제한하여 해석하는 것이 타당하다. 이를테면 재무제표상 재고액과 지급어음채무가 중요한 사항에 해당하여 재고액을 과대계상하고 지급어음채무를 누락한 것이 기업회계기준에 위반한 것이라면 이러한 허위의 재무제표를 작성하고, 그 내용을 그대로 기재한 증권신고서를 금융위원회에 제출하고 증권신고서와 동일한 내용의 사업설명서를 금융위원회와 그 지정장소에 비치한 것은 허위 재무제표의 작성·공시에 해당한다고 할 수 있을 것이다.

2. 외부감사방해죄

주식공모의 성공을 위해 분식회계를 하는 회사는 외부감사를 받는 상황에서 감사인 또는 그에 소속된 공인회계사에 대하여 허위의 자료를 제시함으로써 감사인의 정상적인 외부감사를 방해한다고 할 수 있다.

> 외부감사법 제20조 제4항 ④「상법」제635조 제1항에 규정된 자나 그 밖에 회사의 회계업무를 담당하는 자가 다음 각 호의 어느 하나에 해당하는 행위를 하면 2년 이하의 징역 또는 2천만원 이하의 벌금에 처한다.
> 1. 감사인 또는 그에 소속된 공인회계사에게 거짓 자료를 제시하거나 거짓이나 그 밖의 부정한 방법으로 감사인의 정상적인 외부감사를 방해한 경우

이는 물론 감사인에 대하여 고의로 조작된 또는 부실한 감사 자료를 제공하는 행위는 (경제체계의 하부체계로서) 외부감사체계를 위태롭게 하는 행위로서 처벌되는 것이다. 다만 감사인에게 거짓의 재무제표를 제시하는 행위가 외부감사법상 감사방해죄에 해당하는지는 외부감사죄의 범죄형식을 무엇으로 보느냐에 따라 달라질 수 있다.

- **결과범설** 외부감사인이 감사하는 도중 주식공모하려는 회사가 분식회계를 한 사실을 발견하지 못했어야만 감사방해죄가 성립한다. 만일 감사인이 분식회계 사실을 발견하였고, 이를 묵인했다면 결과범으로서 외부감사방해죄는 성립하지 않는다.
- **거동범설** 외부감사방해죄를 거동범으로 본다면 허위의 재무제표를 감사인에게 제출하는 순간 이미 기수에 도달한다. 따라서 감사인이 분식회계를 발견했는지 여부는 외부감사방해죄의 성립에 영향을 미치지 않는다.

외부감사방해죄는 외부감사체계의 기능을 위태화하는 점에 그 불법의 실질이 터잡고 있는 것이므로 외부감사인이 분식회계를 발견했을 것을 요건으로 하지 않는다.

V. 상법상 부실문서행사죄의 성립여부

분식회계에 의한 주식공모는 상법상 부실문서행사죄(제627조)에 해당할 수 있다. 이 죄는 주식과 사채를 통한 자본조달을 할 때 이사 등이 중요한 사항에 관하여 부실한 문서를 행사한 때에 성립한다.

상법 제627조(부실문서행사죄) ① 제622조 제1항에 게기한 자, 외국회사의 대표자, 주식 또는 사채의 모집의 위탁을 받은 자가 주식 또는 사채를 모집함에 있어서 중요한 사항에 관하여 부실한 기재가 있는 주식청약서, 사채청약서, 사업계획서, 주식 또는 사채의 모집에 관한 광고 기타의 문서를 행사한 때에는 5년 이하의 징역 또는 1천5,00만원 이하의 벌금에 처한다. ② 주식 또는 사채를 매출하는 자가 그 매출에 관한 문서로서 중요한 사항에 관하여 부실한 기재가 있는 것을 행사한 때에도 제1항과 같다.

1. 자본시장의 기능을 위태화하는 범죄

부실문서행사죄는 자본시장의 기능을 위태롭게 하는 범죄이다. 이 점에서 회사재산을 위태롭게 하는 범죄인 상법상 부실보고죄(제626조)와 구별된다. 이런 보호법익의 차이로부터 부실문서행사죄는 부실보고죄와는 달리 ① 주체는 외국회사의 대표나 주식이나 사채의 모집을 위탁받은 자도 포함하며, ② 행위객체도 회사의 재산, 즉 출자관련사항이 아니라 주식이나 사채의 모집 및 매출에 관련한 사항이다.

2. 성립요건

(1) **주 체** 부실문서행사죄의 주체는 회사의 발기인, 업무집행사원, 이사, 감사위원회 위원, 감사 등(제622조 제1항), 외국회사 대표자, 주식, 사채 모집의 위탁을 받은 자 등이다. 첫째, 분식회계를 하여 주식공모를 한 회사의 대표이사 등이 이 죄의 주체가 됨은 물론이다. 둘째, 분식회계의 업무를 담당한 회사원은 부실문서행사죄의 주체가 되지 못한다.

(2) **객 체** 행위객체는 "중요한 사항에 관하여 부실한 기재가 있는 주식청약서, 사채청약서, 사업계획서, 주식 또는 사채의 모집에 관한 광고 기타의 문서"이다. ① 주식공모에서 사업설명서나 사업계획서, 증권신고서는 기타의 문서에 해당한다. ② 정보의 중요성은 앞서 설명한 분식회계죄의 경우와 같다.

(3) **행 위** 실행행위는 주식 또는 사채를 모집함에 있어서 위 문서를 행사하는 것이다. 증권신고서에 분식회계의 내용을 증권신고서나 사업설명서에 기재하고, 금융위원회 등에 비치하는 행위는 이에 해당한다.

제 3 장
내부자거래와 형법

Ⅰ. 문제상황

Ⅱ. 내부자거래 행위영역의 특수성

Ⅲ. 정당화 이론

Ⅳ. 형법정책

이 글의 출처와 생성

제3장의 글은 제자 임철희와 함께 쓴 "내부자거래의 시장유해성과 시장의 형법비친화성", 형사정책연구 (겨울호, 1999), 101-131쪽에서 비롯되었다. 이 글은 보완되어 윤리경영과 형법 (신영사, 2005), [4]단락에 수록된 바 있다. 제3장의 글은 자본시장법의 시행과 판례의 축적 그리고 제자 지유미·박혜림과 함께 펴낸 기업윤리와 법 (법문사, 2008)에서 다룬 내용들로써 다시금 대폭 보완된 것이다.

I. 문제상황

최근 증권시장의 공정한 거래질서를 교란할 수 있는 '증시 스캔들'이 연달아 터져 나오면서 증권시장에서의 일탈행위를 통제할 수 있는 강력한 법적 제재수단을 마련해야 한다는 목소리가 높아지고 있다. 여기에다 이른바 '개미군단'으로 불리는 개인 소액투자자들의 손해가 천문학적인 액수에 이른다는 언론보도가 계속되면서 '증권시장의 건전성'을 해치는 시장교란행위자를 엄벌해야 한다는 주장도 점점 더 힘을 얻고 있다. 증권시장의 공정한 거래질서를 교란하고 일반 투자자에게 재산상의 손해를 입힌다고 생각되는 행위들 중에서 내부자거래는 현행 증권거래법상 시세조종행위와 함께 가장 중대한 범죄행위의 하나로 이해된다(「자본시장과 금융투자에 관한 법률」(이하 자본시장법) 제172조, 제176조).

자본시장법상 내부자거래(Insider Trading, Insiderhandel)란 상장기업의 주주나 임·직원 등이 아직 일반인에게 공개되지는 않았지만, 만약 공개된다면 일반 투자자의 투자판단에 중대한 영향을 미칠 수 있는 정보를 증권거래에 이용하거나 다른 사람에게 전달하는 행위를 말한다. 즉, 내부자거래는 증권시세에 중대한 영향을 미칠 가능성이 있다고 생각되는 미공개정보를 공시하지 않은 채 이용하는 행위이다. 예를 들면 다음과 같은 행위를 들 수 있다.

- A회사의 이사 甲이 그 회사의 사업결산실적의 추정결과를 묻는 B 증권회사의 간부인 친구 乙에게 그 내용을 확인해주는 행위(대판 1995.6.29, 95도467)

- A제지회사의 최대주주인 B금융회사의 대표이사 甲이 A제지회사의 회계장부상 나타나지 않은 누적된 적자와 자금난에도 불구하고 A제지회사가 상장된 직후 높은 주가가 형성되자 B금융회사 소유의 (제지회사)주식을 매도한 행위(대판 1994.4.26, 93도695)
- 무세제 세탁기를 개발한 A회사의 제품시연회 개최사실을 알고 있는 B신문사 경제부 차장기자 甲이 신문지상에 보도가 되기 전에 자기 동생 乙에게 그 사실을 알려주(거나 또는 그 회사의 주식매입을 권유하)는 행위

그러나 이와 같은 행위유형들을 형사처벌하는 것이 과연 정당한 것일까? 이 문제에 올바르게 답하기 위해서는 무엇보다도 내부자거래금지조항이 보호하는 법익이 무엇인지를 밝혀야 하며, 그런 법익이 있다면 그 법익이 형법에 의해 보호되기에 적절한 것인지를 검토하여야 한다(Ⅲ). 이를 위해서는 먼저 내부자거래행위(영역)의 특수성을 살펴보아야 할 것이다(Ⅱ). 왜냐하면 그런 분석 없이는 무엇보다도 내부자거래의 통제에 있어 형법이 적절한 수단인지를 — 형법 이론적으로 표현하면, 형법의 보충성이나 책임원칙 또는 비례성원칙이 지켜질 수 있는지를 — 판단할 수 없기 때문이다. 이 글은 이런 분석을 통하여 내부자거래가 증권시장에 유해적이긴 하나 증권시장이 (적어도 내부자거래와 관련하여 볼 때) 형법에 비친화적이라는 점을 드러내고, 이를 바탕으로 이성적인 (형)법정책(Ⅳ)을 설계하고자 한다. 이런 정책은 물론 입법론으로서 뿐만 아니라 현행법상 내부자거래 구성요건의 해석론으로도 기능할 수 있을 것이다.

Ⅱ. 내부자거래 행위영역의 특수성

먼저 내부자거래의 행위영역이 어떤 특징을 갖고 있는 지를 면밀하게 분석해 볼 필요가 있다.

1. 내다볼 수 없음과 행위규범의 흠결

증권시장에서 증권가격형성에 영향을 미치는 요소들은 셀 수 없을 정도로 매우 많고 다양할 뿐만 아니라, 어떤 요소들이 어떤 방식으로 결합하여 시장가격을 형성하는지를 경험과학적으로 남김없이 분석하기란 매우 어렵다. 단지 이런 저런 가격형성요소들의 결합을 통해 일정한 시장가격이 결정되었을 것이라고 추측할 수 있을 뿐이다. 증권시장에서 시장가격의 형성에 영향을 미치는 요소는 예를 들어 다음과 같이 유형화할 수 있다.

- 정부의 경제정책, 경기 동향, 환율 등의 경제적 요소
- 국내정치상황, 노동조합의 파업 등의 비경제적 요소
- 산유국들의 생산량의 감소결정, 미국의 금리인상 등의 국제적 요소
- 증권시장에서 통용되는 비공식적인 투자규칙[1]
- 증권시장에 떠도는 엄청난 양의 증시루머
- 증권시장 참여자의 투자심리와 경제상황에 대한 주관적인 평가

이러한 유형에 속하는 수많은 요소들이 서로 얽히고 설킨 채 증

1) 예를 들어 "추격매수는 자제하라", "주가가 50% 상승하면 매도하라" 등의 투자 격언에 따른 투자.

권시세에 크고 작은 영향을 미친다. 이런 다양한 요소들이 어떤 구조 속에서 증권시장의 가격형성에 얼마만큼의 영향을 미치는가, 그리고 어느 하나의 요소가 증권시세에 얼마만큼의 영향을 미쳤는가를 분석해내는 경험과학적 지식은 현재까지 개발되어 있지 않으며 적어도 가까운 장래에 개발될 것으로 기대할 수도 없다.[2] 이렇게 증권시장의 가격형성메커니즘이 복잡한 구조를 띠고 있다는 점은 내부자에게 행위방향설정의 어려움을 던져준다. 즉, 내부자는 복잡한 증권시장의 가격메커니즘 속에서 자신의 행위가 어떤 부정적인 결과(예: 다른 투자자의 재산상의 손해)를 발생시킬 수 있다는 점을 예측하고, 자신의 행위를 규범합치적인 방향으로 조종(예: 내부자거래를 하지 않을 것을 결정)하기가 매우 어렵다.

[내부자거래의 성공불확실성] 여기서 내부자가 결과예측과 행위방향설정의 어려움에 직면하게 된다는 사실과 내부자가 갖고 있는 주관적인 표상, 즉 미공개정보를 이용함으로써 일정한 경제적 이익을 획득할 수 있을 것이라는 내부자의 기대와 혼동해서는 안 된다. 증권시장의 복잡성을 고려할 때 내부자의 예측이 언제나 들어맞을 것이라고 단정할 수는 없다. 예를 들어 상장회사의 대표이사가 회사가 곧 부도를 맞을 정도로 자금사정이 악화된 상황에서 자신이 보유하고 있던 그 회사의 주식을 매도한 경우라도 회사의 파산으로 주식가격이 폭락하고, 결국 다른 투자자가 재산상의 손해를 입는 결과가 반드시 발생한다고 보기는 어렵다. 왜냐하면 은행의 긴급대출, 채권은행간의 부도유예협약, 채권단의 기업개선작업(work-out) 결정 등을 통해서 자금조달의 어려움이 해결될 가능성은 얼마든지 존재하기 때문이다.

2) 내부자거래와 관련된 미국의 경험과학적 연구를 살펴보면, 내부자거래행위가 주가변동에 실제로 영향을 주는지 그리고 영향을 준다면 과연 얼마만큼의 영향을 주는지에 관해 개별 연구 사이에 서로 상충된 결과가 확인된다는 점에 주목할 필요가 있다. 이 점에 관해 자세하게는 강종만, "내부자거래규제에 관한 연구", *한국증권업협회/한국증권경제연구회* (1993), 55쪽 아래 참조.

다시 말해 객관적으로도 내부자거래행위가 일정한 결과를 산출할 것인지가 불투명할 정도로 증권시장의 가격형성메커니즘은 복잡할 뿐만 아니라, 주관적으로도 내부자가 자신의 행위로부터 발생할 수 있는 부정적인 결과와 그 인과적 과정을 내다보면서 그 결과를 회피하는 방향으로 자신의 행위를 정돈할 수가 없다. 그러니까 내부자거래를 할 것인지를 결정하는 행위주체에게 내면화되어 행위준칙으로 삼을 수 있는 (행위)규범(Handlungsnorm)은 존재하지 않는다.

2. 추상적 위험성

그러나 내부자거래를 형법의 관할영역 아래 두려고 하는 사람들은 이 일탈행위가 일반 투자자의 재산상의 손해나 증권시장의 기능적 효율성의 위축과 같은 일정한 결과를 발생시킬 수 있는 모종의 위험스러움을 띠고 있다고 이해하는 경향이 있다. 예를 들어 내부자거래와 관련해서 이 위험스러움은 다음과 같은 인과적 연결고리로 표현될 수 있다.

<내부자거래행위 → 증권시장의 불공정성 → 불공정한 주식시세의 형성 → 불공정한 주식거래 → 일반 투자자의 재산상 손해 → 투자자의 증권시장의 기능에 대한 신뢰상실 → 투자자의 증권시장 이탈 → 증권시장의 붕괴 → 기업의 자본조달 어려움 → 기업의 연쇄적인 부도 → 대량실업 …… >

(1) **허구적 인과성** 그러나 내부자거래행위로부터 생겨난 인과성의 연결고리가 경험과학적인 의미에서 확실하게 증명될 수는 없다. 막연한 심리적 인과성[3]만 인정될 수 있을 뿐이다. 이런 인과성

3) 이상돈, *형법의 근대성과 대화이론* (1994), 43쪽.

은 아마도 자본투자의 실패에 대한 집단적 두려움의 반작용으로서 개인적 행위(=내부자거래행위)의 불공정성에 시장의 모든 구조적 결함을 돌리는, 말하자면 책임전가의 집단적 심리적 현상이 낳은 허구적 구성물일 것이다. 이는 증권시장에 참여하는 자들의 이중적 심리를 통해 발현된 것이다. 증권시장에 참여하는 자들은 각자 남들이 모르는 정보를 이용한 거래를 통해 이익을 얻고자 하는 의지와 경향성을 가지고 있다. 자본시장에서 불평등한 정보를 이용하여 다른 이들보다 더 많은 이익을 향유할 수 있다는 가능성이 오히려 투자자를 시장으로 유인하게 하는 구조를 형성하는 것이다. 다시 말해, 정보 불평등이 자본시장을 구축하는 기능을 수행하게 된다. 반면, 시장참여자들은 기업내부자가 시장에 공개되기 전의 중요정보를 이용해 거래를 하는 행위, 즉 내부자거래에 대하여 이로 인한 자신들의 투자성공의 불안감을 시장 이탈이라는 행위로 표현한다. 이는 자본시장의 붕괴를 가져오는 위험원이 된다. 현실적으로는 각자 정보 불평등을 통한 이익을 바라면서, 내부자거래를 통한 자본시장의 공정성의 회의는 용납하지 못하는 이중적 심리를 가지고 있다. 여기서, 형법은 자본시장에서 정보평등의 상징을 창출하여 증권시장의 존속

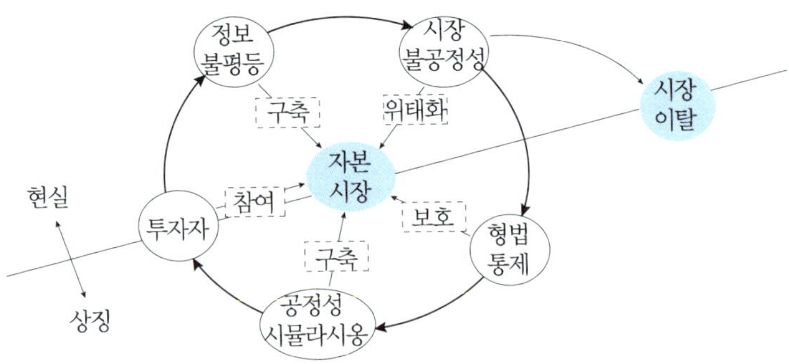

을 도모하는 기능을 한다. 정보불평등을 통한 이익을 얻고자 하는 투자자들의 심리를 통해 자본시장이 구축되고, 내부자거래를 규제하는 상징적인 의미의 법을 통해 투자자의 시장 이탈을 막음으로서 자본시장을 지속하는 이 순환 구조는 앞의 그림과 같다.

(2) **시뮬라시옹으로서 공정성** 그러나 사실 내부자거래 행위 자체에는 정보 불평등을 통한 시장의 공정성을 해한다는 일반 투자자들의 우려와 달리 시장에 정보를 공개함으로서 비용을 줄이고 주주이익에 기여하는 긍정적인 효과를 가지고 있다. 다시 말해, 일반적으로 정보를 공개하게 될 경우 그 가치는 감소하게 되는데, 비공식적으로 정보를 시장에 흘림으로서, 가치가 절하되지 않은 상태에서 자본의 조달이 용이하게 되고 경쟁사들의 정보 수집 비용이 절감된다는 점에서 사회적 비용이 감소하는 효과가 발생한다. 또한 내부자 거래를 통해 기업 내부자인 경영인들이 이익을 봄에 따라 대리인 비용이라는 문제를 해결할 수 있게 한다.[4] 그러나 내부자 거래를 통한 미공개 정보가 시장에 유입됨에 따라 사회적 비용이 절감되는 긍정적인 효과가 존재함에도 불구하고 시장 참여자들은 이에 대한 통찰을 하기 보다는 내부자거래를 규제함으로써 오는 상징을 통해 심리적 안정감을 가지게 된다. 다시 말해, 시뮬라시옹이 곧 현실이 되는 것이다. 증권시장의 공정성이라는 '시뮬라시옹'을 통해 시장을 이탈하지 않으려는 집단적 심리가 강할수록, 내부자 거래를 금지하려는 정책을 택하기 쉽다. 물론 내부자거래는 오로지 주관적, 심리적 위험만은 아닐 수 있다. 왜냐하면 내부자거래행위는 누적적 위험성을 갖고 있기 때문이다.[5] 즉, 증권시장의 기능에 대한 일반

4) Dennis W. Carlton/Daniel R. Fischel, "The regulation of Insider Trading", *Standford Law Review* (Vol. 35, No. 5, 1983), 868쪽.

투자자의 신뢰를 내부자거래 구성요건의 보호법익으로 보는 경우[6]에 내부자 한 사람의 거래행위만으로는 증권시장의 기능에 대한 일반 투자자들의 신뢰가 상실된다고 보기는 어렵다고 할지라도, 더 많은 시장참여자가 내부자거래행위를 할수록, 증권시장의 기능이 위태로워질 가능성은 더욱 높아질 것이다. 그러나 물론 사유적 가능성을 인정한다고 하더라도 증권시장의 기능에 대한 신뢰상실과 개별 내부자거래행위 사이에 경험과학적 의미의 구체적인 인과성을 확인하기란 매우 어렵다. 그렇기 때문에 이 추상적 위험성의 창출에 기여한 개별 내부자의 몫, 다시 말해 내부자에게 형사책임을 귀속시킬 수 있을 정도로 내부자의 기여도를 정확하게 산출해내기란 거의 불가능하다.[7] 이 점은 복잡한 증권시장의 가격결정메커니즘을 고려할 때 너무나 자명하다.

Ⅲ. 정당화 이론

그럼에도 불구하고 내부자거래를 형사처벌하는 것이 마땅하다는

---

5) 위험형법에서 말하는 이 "사회적 위험성"이 있는 행위의 특징에 대해서는 이상돈, *형법의 근대성과 대화이론* (1994), 42쪽 아래; Herzog, Nullum Crimen Sine Periculo Sociali oder Strafrecht als Fortsetzung der Sozialpolitik mit anderen Mitteln, in: Klaus Lüderssen/Cornelius Nestler-Tremel/Ewa Weigend(Hrsg.), *Modernes Strafrecht und ultima-ratio-Prinzip* (1990), 107쪽 참조.

6) Otto, Der Mißbrauch von Insider-Informationen als abstraktes Gefährdungsdelikt, in: Bernd Schünemann/Carlos Suàrez Gonzàlez(Hrsg.), *Baustein des europäischen Wirtschaftsstrafrechts. Madrid-Symposium für Klaus Tiedemann* (1994), 452쪽(아래에서는 Mißbrauch로 인용함).

7) 내부자거래행위를 형사처벌해야 한다는 이론진영에서도 이점을 인정한다(한국형사정책연구원, *증권범죄에 관한 연구* (1996), 70쪽).

견해가 일반적인 듯하다. 내부자거래의 당벌성을 형법이론적으로 근거지우려는 시도들은 각각의 견해마다 약간의 차이가 있긴 하지만 대개는 내부자거래행위가 다음과 같은 보호법익을 침해한다고 본다: ① 일반 투자자의 재산, ② 증권시장의 기능(과 이에 대한 신뢰).

1. 투자자의 재산

먼저 위에서 설명한 심리적 인과고리 가운데 <내부자거래행위 → 투자자의 재산상 손해>의 연결고리를 클로즈업시키고 그 인과관계를 실제적인 것으로 바라보는 견해가 있다.[8)]

> 물론 투자자의 재산이 내부자거래 구성요건의 보호법익이라는 견해는 내부자거래행위가 직접적으로 투자자의 재산상의 손해발생에 연결되어 있기 때문에 투자자의 손해발생이 형사소송절차에서 분명하게 입증될 수 있고, 반드시 그래야만 한다는 의미로만 해석되지는 않는다. 즉, 투자자의 재산상 손해가 내부자거래의 객관적 구성요건요소로서 직접 요구되는 것은 아니다. 내부자거래가 다른 투자자의 재산에 손해를 야기할 수 있는 적합성이 있다면, 내부자거래의 당벌성이 근거 지워질 수 있다는 것이다.[9)]

이런 견해에 따르면 증권시장에 참여하는 사람들 사이에 발생하는 정보의 (양적·질적) 차이, 정확히 말해 내부자와 일반 투자자 사이의 '정보불균형'이 (형)법적 비난가능성의 출발점이 된다. 다시 말

---

8) 장영민·조영관, "증권범죄의 현황과 대처방안", *형사정책연구*, (1995, 여름호), 42쪽; 한국형사정책연구원, *증권범죄에 관한 연구*, (1996), 22쪽; 이승애, "내부자거래의 효율적 예방대책", *증권조사월보* (1991/2), 7쪽; 박삼철, "유가증권 불공정거래규제에 관한 비교법적 연구", *증권조사월보* (1994/12), 9쪽 아래.

9) Otto, *Konzeption und Grundsätze des Wirtschaftsstrafrechts*, ZStW 96, (1984), 363쪽 아래 참조.

해 내부자거래의 당벌성은 내부자가 정보원(情報源)에 대한 접근가능성의 차이에 근거하여 획득한 우월한 정보를 증권거래에 이용한다는 점에 있다.[10)]

물론 내부자가 다른 일반투자자들보다 우월한 정보력을 갖고 증권거래에 참여한다는 것은 쉽게 확인할 수 있다. 바로 이런 점에서 내부자와 다른 투자자 사이에 정보의 불평등이 생긴다. 이것은 결국 증권시장에서 게임의 법칙(=시장참여자가 정당하게 수집·선별·획득한 정보만을 이용한다)이 지켜지지 않음으로써 증권시장의 거래가 불공정하게 이루어진다는 것을 의미한다. 따라서 내부자거래는 적어도 경제(행정)법적인 의미에서는 분명히 불공정거래행위로 인정될 수 있다.

(1) **인과관계의 부존재** 어쨌든 일반투자자의 재산을 보호법익으로 보고 내부자거래행위라는 불공정거래행위를 형사처벌하려면 내부자거래와 일반 투자자의 재산상 손해 사이에 인과관계가 인정되어야 한다. 그러나 일반적으로 내부자거래행위가 없는 경우에도 일반 투자자는 거의 동일한 거래를 다른 누군가와 했을 가능성이 얼마든지 있다. 증권시장에 참여하는 투자자는 내부자와 상관없이 자신의 독자적인 투자결정에 따라 거래하기 때문이다. 즉, 내부자거래 영역에서 개별 내부자의 거래행위가 없었더라면 일반 투자자의 재산상의 손해가 발생하지 않았을 것이라는 조건관계조차 확인되지 않는다.[11)] 더 나아가 개별 내부자거래행위와 일반 투자자의 재산상의 손해 사이의 인과관계는 현재의 통계학적·경영학적 지식을 동원하더라도 입증하기 매우 어렵다는 것이 지배적인 견해이다. 결국 일반투자자의 재산상의 손해는 내부자거래행위 때문에 발생했다고 단정적

10) Müller/Wabnitz/Janovsky, *Wirtschaftskriminalität*, 4. Aufl., 1997, 16/9.
11) Otto, Mißbrauch, 451쪽.

으로 말할 수 없다. 증권시장의 복잡한 구조를 고려할 때 단지 수없이 많은 가격형성요소들의 변화무쌍한 결합에 의해 우연하게 발생한 시장가격의 상승이나 하락 때문에 발생했다는 식의 지극히 일반적인 설명만이 가능할 뿐이다. 따라서 내부자거래에서 (윤리적이건 법적이건 간에) 어떤 비난가능성이 존재한다면, 그것은 내부자와 동일한 또는 비슷한 시기에 거래한 다른 일반 투자자들이 손해를 입었음에도 내부자는 자신의 우월한 정보력을 바탕으로 (적극적·소극적) 이익을 취득했다는 점일 것이다.[12)]

(2) **증권투자의 합리성** 결국 내부자거래를 형사처벌하려는 견해는 재산상 손해의 개념을 내부자거래행위와의 인과관계가 설정될 수 있도록 변형시킬 수밖에 없다.[13)] 그런 변형의 한 예로 증권투자의 합리성 저해를 손해로 바라보는 견해를 들 수 있다. 이런 견해에 따르면 내부자는 우월한 정보력을 갖고 있음으로 인해 증권시장 참여자들 모두가 동일하게 부담해야 하는 일반적인 거래위험(Geschäftsrisiko)을 전혀 부담하지 않거나, 최소한 다른 일반 투자자들보다는 훨씬 적게 부담 한다고 한다. 이런 정보 불평등과 거래위험의 불균등한 분배는 일반 투자자들에게 결국 증권거래로부터 획득할 수 있는 이익을 향유하지 못하게 할 위험을 가져다준다. 이 위험은 증권거래라는 경제적 행동의 경제적 목적(예: 시세차익)이 위태롭게 되는 것, 바꿔 표현하면 '증권투자의 합리성'이 그르치게 되는 것을 뜻한다. 이와 같이 증권거래를 통해 이루려고 했던 경제적 목적이 달성되지 못할 위험에 처하게 되거나[14)] 일반시민들의 증권투자

12) 여기서 한 가지 지적해 둘 점은 내부자와 거래하는 투자자가 언제나 손해를 입는다고 보기는 어렵다는 점이다. 내부자와 거래한 투자자도 예를 들어 시세차익을 노리고 단기매매를 한 경우에는 이익을 취득할 가능성도 배제할 수 없다.

13) Otto, Mißbrauch, 451쪽 아래.

가 합리성을 잃어버리게 되는 것을 투자자의 재산상 손해로 해석함으로써 내부자거래행위는 투자자의 재산상 손해를 발생시키는 인과적 영향력을 지닌 인자로 거듭나게 된다.

(3) **증권시장의 불공정성** 손해 개념의 또 다른 재구성으로는 미국연방법원이 채택한 바 있는 '정보소유이론'의 관점을 들 수 있다. 이 이론에 의하면 증권시장 참여자들 사이에서 정보의 불평등은 우월한 정보력을 가진 내부자가 증권시장에서 불공정거래행위를 하고 있다는 것을 의미한다. 거래당사자 사이에 정보가 불평등한 상태에서 이루어지는 증권거래는 "본질적으로 불공정"(inherently unfair)[15]하다는 것이다. 왜냐하면 증권시장의 거래에 참여하는 사람들 사이에 발생하는 정보불평등은 경쟁수단이 평등하지 않는다는 점, 즉 '무기불평등'[16]을 의미하기 때문이다. 다시 말해 내부정보원에 대한 접근가능성의 차이로부터 발생하는 내부자와 일반 투자자 사이의 정보불평등은 공정한 거래질서를 형성하는 머니게임(Money Game) 규칙의 위반을 의미한다. 여기서 미국 연방대법원은 게임규칙의 위반을 내부자거래가 개별투자자에게 구체적으로 재산상의 손해를 야기 했는가 와는 아무런 관련 없이, 단지 규칙위반행위가 존재한다는 점 그 자체가 투자자에 대한 재산상의 손해를 발생시킨 것으로 보는 해석을 감행한다. 이 해석에서 공정한 거래질서의 침해란 현실적인 침해일 필요도 없고, 단지 공정한 거래질서를 침해할 수 있는 추상적인 위험성만으로도 인정할 수 있게 된다. 이러한 이

14) 민사책임과 관련하여 비슷한 이론을 전개하는 견해로는 양창수, *민법연구 제5집* (1999), 217쪽 아래, 특히 244쪽 아래 참조.

15) SEC v. Texas Gulf Sulphur Co., 401 F. 2d 833 (2d Cir. 1968), cert. denied, 394 U.S. 976 (1969) 참조.

16) 한국형사정책연구원, *증권범죄에 관한 연구* (1996), 40쪽.

론에 의해서도 내부자거래행위는 투자자의 재산상 손해에 대해 인과적 영향력을 지닌 요소로 자리 잡을 수 있게 된다.

(4) **인과성의 관념적 기능화와 왜곡** 그러나 이들 두 이론은 내부자거래와 투자자의 재산상 손해 사이의 인과성을 축약시킨다. 이를테면 내부자거래행위의 인과적 전개과정은 <내부자거래행위 → 증권시장의 불공정성 → 불공정한 주식시세의 형성→ 불공정한 주식거래 → 일반 투자자의 손해>로 설정될 수 있다.[17] 그러나 이런 인과관계의 입증불가능성[18]에 직면하여 경제적 목적달성의 실패 이론은 인과과정을 <내부자거래행위 → 증권시장의 불공정성(=정보불평등) → 일반 투자자의 손해(=증권투자의 비합리성)>라는 세 단계로 축약하고, 불공정한 거래행위 이론은 <내부자거래행위 → 증권시장의 불공정성(=투자자의 재산상 손해)>라는 두 단계로 축약한다. 그리고 이러한 축약은 재산상 손해의 개념을 관념적으로 기능화 함으로써 가능한 것이었다. 그러나 그와 같은 관념적 기능화는 인과적 과정의 연결고리를 단순히 축약시키는 것을 넘어서 내부자거래행위와 투자자의 재산상 손해 사이의 인과적 연관관계를 왜곡시킨다. 왜냐하면 증권시장은 앞에서 본 바와 같이 무수히 많은 요소들이 서로 얽히고 설켜 복합적으로 작용하여 법칙적 분석이 불가능한 메커니즘에 따라 주가가 결정되는 구조를 띠는 시장인데, 위와 같은 인과성의 관념적 기능화는 적어도 내부자거래와 손해 사이의 관계를 일차

17) 이런 인과성구조는 양창수, *민법연구 제5집* (1999), 222쪽의 공정경쟁위반행위의 특징을 내부자거래에 응용한 것이다.

18) 내부자거래의 민사책임(증권거래법 제188조의3)과 관련하여 서울지법 남부지원 1994.5.6, 92가합11689는 내부자거래행위와 투자자의 손해발생 사이의 인과관계의 입증이 매우 어렵다는 점을 인정하면서, 현행 증권거래법 제188조의3을 인과관계의 입증책임을 완화하기 위한 규정으로 해석한다.

선형적 관계로 파악할 수 있을 정도로 증권시장의 복잡성을 은폐·축소시키기 때문이다.

(5) **경제법과 형법의 경계** 그러나 이것은 경제(행정)법적 불법과 형법적 불법 사이의 차이를 없애버린다. 즉, 경제(행정)법상의 불공정행위가 곧바로 형법의 범죄행위로 해석되는 것이다. 왜냐하면 이와 같은 내부자거래의 금지는 증권시장의 공정한 거래질서를 위해 설정된 경제법상의 의무를 법익보호원칙이나 책임원칙의 충족여부와 관계없이 형법상의 의무로 전환시키고 있기 때문이다. 결국 내부자거래에서는 경제법적 의무의 위반이 형사책임의 귀속거점이 된다. 이와 같은 귀속거점과 귀속책임 사이의 이질성은 증권시장의 공정성을 유지하기 위한 의무(또는 책임)분배의 불공정성을 의미한다. 왜냐하면 투자자들의 투자실패를 초래한다는 증권시장의 불공정성은 많은 부분 경제법상의 제도들(예: 상장여부심사제도, 회계감사제도, 대형펀드규제제도 등)이 충분하게 완비되어 있지 않거나 제대로 기능하고 있지 않은 데에서 비롯되고 있기 때문이다. 그러므로 제도의 결함이 개인의 형사책임으로 전가되고 있다고 말할 수 있을 것이다.

2. 증권시장의 기능과 신뢰

(1) **기능보호를 통한 인간의 보호** 내부자거래의 당벌성을 정당화하는 두 번째 근거는 '증권시장의 기능과 이에 대한 일반 투자자의 신뢰'이다. 이런 주장의 핵심을 요약하면 다음과 같다: '내부자거래가 계속·반복적으로 발생하게 된다면, 일반 투자자들이 증권시장의 기능에 대해 갖고 있는 신뢰가 동요될 것이다. 증권시장의 기능에

대한 일반 투자자의 신뢰를 보호하지 않는다면 투자자의 시장이탈이 가속화될 것이고, 결국 투자자의 재산형성과 기업의 자본공급이라는 기능을 갖는 증권시장은 붕괴되고 말 것이다.'[19] 독일 형법학에서 경제체계의 '기능'과 이에 대한 '신뢰'라는 두 가지 개념요소를 통해 경제범죄의 당벌성을 근거지우려는 이론적 시도는 이른바 '경제형법에서 신뢰구상'(Vertrauensgedanke im Wirtschaftsstrafrecht)으로 모아지고 있다. 우리나라에서도 경제체계의 기능에 대한 신뢰의 보호는 핵심형법의 초개인적 법익의 보호와 같은 맥락에서 자연스런 귀결로 받아들여지고 있다.[20] 더 나아가 '내부자의 투자자에 대한 신뢰위반'을 내부자거래의 불법을 구성하는 핵심요소로 이해하는 견해[21]도 주장된다. 대법원도 "내부자가 당해 법인의 업무 등과 관련하여 접근이 허용되었던 법인의 공개되지 아니한 내부정보 중 유가증권의 투자판단에 영향을 미칠 수 있는 중요한 정보를 이용하여 유가증권의 거래에 관여할 경우에는 … 거래당사자의 평등을 해치게 되어 유가증권거래의 공정성과 유가증권시장의 건전성에 대한 일반투자자들의 신뢰를 손상시킴으로써 유가증권시장이 국민자금을 효율적으로 배분하는 기능을 저해하는 결과를 초래하게 되는 것"이라고 판시한 바 있다.[22]

이와 같은 신뢰구상은 오늘날 증권시장이 국가경제에서 차지하는 중대한 의미와 기능을 이론적 출발점으로 삼는다. 즉, 증권시장은 자본주의 경제체제에서 지주(支柱) 역할을 하고 있는 기업에게는

19) Otto, Mißbrauch, 452, 453쪽.

20) 대표적으로 한국형사정책연구원, *경제범죄의 유형과 대처방안* (1993), 19쪽 아래; 박삼철, "유가증권 불공정규제에 관한 비교법적 고찰", *증권조사월보* (1994/12), 10쪽 참조.

21) 한국형사정책연구원, *증권범죄에 관한 연구* (1996), 41쪽.

22) 대판 1994.4.26, 93도695.

자본을 조달하고, 시민에게는 기업이윤의 재분배와 거래차익을 통해 자본소득을 얻을 수 있게 하는 기능을 한다. 여기서 증권시장의 기능에 대한 신뢰란 개별 투자자가 증권시장의 기능이 정상적으로 작동할 것이라는 점, 즉 증권시장에 참여하는 모든 사람이 동등한 조건에서 공정한 게임규칙을 준수함으로써 자신도 증권거래를 통해 일정한 이익을 획득할 수 있을 것이라는 점에 대한 '기대의 상호적 보장'을 의미한다고 볼 수 있다. 반대로 증권시장에 참여하는 개별 투자자가 자신이 획득할 가능성이 있는 거래이익이 부당한 가격형성행위를 통해 침해되지 않을 것이라는 점에 대한 믿음도 증권시장의 공정성에 대한 (소극적인) 신뢰의 내용으로 볼 수 있다.[23] 다시 말해 신뢰구상은 '사회체계의 기능 보호를 통한 인간보호'라는 기획을 좇는 이론이라고 할 수 있다. 물론 이러한 기획에는 증권시장의 기능이나 이에 대한 일반 투자자의 신뢰와 같은 '집단적 이익'(kollektive Güter)[24]이 형법의 보호법익으로 수용된다는 점에서 사회국가적 형법모델, 바꿔 말해 형법을 통한 사회체계의 조종이라는 프로젝트가 전제되어 있다.

(2) **증권시장에 대한 신뢰** 물론 이런 사회국가적 형법모델은 후기산업사회의 현실, 즉 인격발현의 전제조건인 재화를 생산하고 분배하는 기능을 담당하는 사회적 하부체계의 기능이 제대로 작동되지 않는다면 인간의 생존이 심각하게 위협받을 수 있다는 현실인식에 바탕을 두고 있다. 따라서 사회적 하부체계의 기능을 법규범의 관할영역에서 완전히 배제하는 법정책은 타당하지도 않을 뿐만

23) 따라서 증권시장의 공정한 거래질서를 내부자거래처벌조항의 보호법익으로 보자는 견해도 증권시장의 기능과 그에 대한 신뢰를 보호법익으로 보는 견해에 합류한다고 볼 수 있다.

24) Peters, *Rationalität, Recht und Gesellschaft*, 1991, 81쪽 아래.

아니라, 현실적으로 가능하지도 않다. 내부자거래 영역도 마찬가지이다. 증권시장이 국민경제에서 차지하는 의미를 고려할 때 내부자거래를 법규범의 관할영역 밖에 그대로 내버려둘 수는 없을 것이다. 그러나 문제는 증권시장의 기능과 이에 대한 일반 투자자의 신뢰라는 집단적 이익이 '형'법이라는 수단을 통해 보호되어야만 하고, 또한 현실적으로 보호될 수 있는가 하는 점이다. 이 물음은 구체적으로 말해 다음과 같은 것이다.

- 증권시장에 참여하는 일반 투자자들이 과연 내부자 자신이 내부정보원에 접근할 수 있는 지위를 바탕으로 획득한 내부정보를 이용함으로써 공정한 증권거래질서를 깨뜨리지 않을 것이라는 점을 실제로 신뢰하는가?
- 또한 그런 신뢰가 실제로 존재한다고 하더라도 그러한 신뢰가 형법에 의해 보호되어야 하는 증권시장체계의 기능을 '구성'하는 요소라고 볼 수 있는가?
- 그리고 그와 같은 증권시장(의 기능)에 대한 신뢰가 존재한다면, 그런 신뢰를 형법적으로 보호하는 것이 타당한가?

1) 신뢰의 존재 문제 우선 증권시장은 투자자 개인들 사이에 현실적으로 존재할 수 있는 정보수집·분석 능력의 차이를 고려하지는 않는다. 증권시장에 참여하는 모든 투자자는 자기의 책임 아래 주식시세에 영향을 미칠 수 있는 정보를 수집·분석함으로써 거래여부, 거래규모 그리고 적절한 거래시점을 결정한다. 여기서 모든 투자자는 자신의 투자결정으로부터 발생할 수 있는 일정한 부정적인 결과(예: 경제적 손실), 즉 일반적인 거래위험(Geschäftsrisiko)을 감수해야 한다. 증권시장은 이 거래위험을 제도화함으로써 우월한 정보력을 갖고 있는 투자자가 다른 투자자보다 더 많은 자본소득을 획

득할 가능성을 보장하고 있다. 따라서 증권시장의 일반적인 거래위험을 인식하고 그 시장에 참여하는 투자자가 다른 투자자들이 자신보다 우월한 정보(수집·분석)력을 바탕으로 경제적 이익을 얻지는 않을 것이라는 점을 신뢰하고 있다고 보기는 어렵다. 그렇다면 어떤 투자자가 우월한 정보력을 바탕으로 증권시장에서 경제적 이익을 획득하거나 손실을 회피하는 행위는 그 자체로는 증권시장의 기능에 대한 일반 투자자의 신뢰를 동요시키는 행위로 볼 수 없을 것이다. 결국 내부자거래에서 신뢰보호의 초점은 내부자가 미공개정보를 이용하여 증권거래를 한다는 점이 아니라, 내부자가 미공개정보를 '불공정하게' 이용하는 것에 존재한다는 점을 알 수 있다. 여기서 '불공정성'을 근거 짓는 행위기초로는 첫째, 다른 투자자들이 미공개정보의 내용을 인식할 수 있도록 공시하지 않았다는 점, 둘째, 미공개정보의 이용이 일정한 계약상의 의무를 위반한다는 점을 들 수 있다.

(가) 정보소유이론 첫 번째 근거는 미국 연방대법원이 내부자거래를 규율하기 위해 채택한 바 있는 이른바 '정보소유이론'(Information Possession Theory)[25]의 관점이다. 정보소유이론은 내부자가 미공개정보를 이용하는 것이 '본질적으로 불공정한'(inherently unfair) 거래라는 점으로부터 출발한다. 즉, 다른 투자자가 알지 못하는 중요한 미공개정보(material, nonpublic information)에 접근할 수 있는 내부자가 그 정보를 이용하여 증권거래를 함으로써 이익을 취득하는 것은 (시장에 대한) 사기(fraud on the market)[26]에 해당한다고 본다. 이 이론에 따르면 내부자는 미공개정보를 반드시 공시해야

---

25) 대표적으로 SEC v. Texas Gulf Sulphur Co., 401 F. 2d 833 (2d Cir. 1968), cert. denied, 394 U.S. 976 (1969) 참조.

26) '시장에 대한 사기이론'에 대해서는 김건식·송옥렬, *미국의 증권규제* (2001), 331, 332쪽; 석명철, *미국증권관계법* (2001), 1059쪽 이하 참조.

할 의무를 부담하지는 않지만, 미공개정보를 공시하지 않고서는 자신의 이익을 위해 이 정보를 증권거래에 이용해서는 안 된다. 이것이 이른바 '공시 아니면 단념'(disclose or abstrain)의 원칙이다. 미국 연방대법원이 취한 정보소유이론을 신뢰보호의 맥락에서 살펴보면, 내부자가 미공개정보를 공시하지 않은 채 그 정보를 이용하여 증권시장에 참여하는 것은 일반 투자자의 신뢰를 동요시키는 행위로 해석될 수 있다.

그러나 어떤 투자자가 증권거래에 들어가기 전에 주식시세형성에 중대한 영향을 미칠 가능성이 있는 정보를 공시할 것이라는 점에 대한 신뢰를 '현실적으로' 갖는다고 보기는 어렵다. 오히려 증권시장 참여자는 자신이 수집·분석활동을 통해 획득한 중요정보를 다른 투자자에게 공개하지 않은 상태에서 증권거래를 할 때만이 자신이 의도한 경제적 이익을 획득할 가능성이 높다. 이런 점에서 시장참여자에게 자신이 획득한 우월한 정보를 공개한 후에 증권거래를 하라는 요구는 거래현실과는 너무 동떨어진 것, 또는 적어도 모든 증권거래참여자에게 보편화할 가능성이 있는 행위규범으로 승인될 수 없는 요구로 보인다. 여기서 더 나아가 투자자들은 자신들에게 유리한 불공정한 거래에 의해(서라도) 이익을 보려는 기대를 갖고 시장에 참여한다고 보는 것은 결코 지나친 견해가 아닐 것이다. 그러므로 증권시장에서 다른 투자자가 자신의 정보를 공개할 것이라는 점에 대한 일반 투자자의 신뢰가 존재한다고 보기는 어렵다.

(나) 주주에 대한 수탁의무이론 두 번째로 미공개정보이용행위의 '불공정함'은 내부자거래행위가 일정한 계약상의 의무위반과 관련을 맺고 있다는 점에서 찾을 수 있다. 이점은 미국 연방대법원의 '주주에 대한 수탁의무이론'(Fiduciary Duty to Shareholder Theory)[27]에서

잘 확인된다. 주주에 대한 수탁의무이론은 정보소유이론에서 채택된 '공시 아니면 단념' 원칙의 적용범위를 제한하기 위해 미국 연방대법원이 전개한 이론이다. 이 이론에 따르면 미공개정보를 소유하고 있다는 점만으로는 내부자에게 그 정보를 공시해야 할 의무가 존재하는 것은 아니고, 그 사람과 거래상대방 사이에 '믿음과 신뢰의 관계'(relation of trust and confidence)가 존재할 때에만 내부자는 공시의무가 있다고 한다. 이 이론이 적용될 수 있는 전형적인 사례는 회사내부자가 미공개정보를 이용하는 경우이다.

> 그러나 이 이론에 따를 때 예를 들어 '어떤 인쇄소의 직원 甲이 어떤 기업의 재무관련 서류를 인쇄하는 과정에서 이 기업이 아직 공개하지 않은 공개매수(tender offer)에 관한 서류(공개매수를 하는 회사와 대상회사의 상호는 공란으로 남아있음)를 보았고, 또한 다른 서류를 참고하여 두 회사의 상호를 알아낸 뒤에 공개매수대상회사의 주식을 매수한' 사안에서[28] 인쇄소 직원 甲과 공개매수대상회사의 주주 사이에 신뢰관계가 존재한다고 보기 어렵기 때문에 내부자거래는 인정되기 어렵다.

그러나 내부자와 거래상대방(거래대상회사의 주주) 사이에 일정한 신뢰관계에 따른 의무(예: 거래상대방에게 자신이 그 회사에 관한 미공개정보를 갖고 있다는 점을 고지해야 할 의무)가 존재한다고 보기는 어렵다. 왜냐하면 거래관계의 한 당사자인 내부자가 증권거래의 동기나 제반 상황에 관한 모든 정보를 다른 당사자에게 반드시 알려주어야 할 의무가 신의칙에 의해 인정될 수 있는지가 의문일 뿐만 아니라, 예를 들면 증권거래가 많은 경우에 증권회사의 시장대리인을 통해 이루어지는 증권거래의 현실을 고려할 때 내부자가 다른 사람에게

27) Chiarella v. U.S. 445 U.S. 222 (1980).
28) Chiarella v. U.S. 445 U.S. 222 (1980).

미공개정보를 알려준다는 것은 거의 불가능하기 때문이다. 그렇다면 결국 일반 투자자는 내부자가 일정한 신뢰관계를 위반하여 미공개정보를 이용하지 않을 것이라는 점에 대한 신뢰를 갖고 있다고 보기는 어려울 것이다. 주주에 대한 수탁의무이론이 적용될 수 있는 사안에서 존재하는 신뢰위반의 문제는 주로 회사내부자가 그 회사와의 (근로)계약상 부담하는 일정한 의무를 위반하였다는 관점에서 파악되어야 할 것이다. 그러나 이러한 계약상 의무의 위반은 사법상의 계약위반의 법리(예: 손해배상, 해고)에 따라 해결하면 충분할 것이다.

2) 규범적 · 추상적 신뢰의 이중적 정당화기능 여기서 증권시장의 기능에 대한 일반 투자자의 신뢰는 증권시장 참여자들 사이에 형성될 수 있는 현실적이며 구체적인 인격적 신뢰가 아니라는 점, 다시 말해 증권시장에서는 투자자 개인들 사이에 신뢰가 실제로 존재하지 않는다는 점을 확인할 수 있다.[29] 그렇다면 내부자거래처벌조항의 근거로서 신뢰는 규범적 · 추상적 신뢰만이 가능하게 된다. 즉, 이런 신뢰개념은 한편으로는 증권시장의 기능 연관체를 구성하는 규범적 요소의 하나이며, 다른 한편으로는 증권시장의 기능, 즉 체계에 대한 추상적인 신뢰만이 처벌의 근거로서 원용될 수 있게 된다. 그러나 이처럼 내부자거래의 처벌근거로서 원용되는 규범적 · 추상적 신뢰 개념은 증권시장이라는 사회적 하부체계의 기능 그 자체로부터 분리 · 독립될 수 없다. 왜냐하면 신뢰할 수 있음이 곧 기능함의 조건이며 기능할 수 있음이 곧 신뢰함의 조건이기 때문이다.

---

29) 여기서 한편으로는 경제체계의 기능에 대한 신뢰가 '경제 질서 및 경제 제도와 관련한 추상적인 신뢰'라고 이해하면서도(한국형사정책연구원, *경제범죄의 유형과 대처방안* (1993), 19쪽 아래), 다른 한편으로는 내부자거래의 불법을 구성하는 요소가 '내부자의 투자자에 대한 신뢰위반'이라고 보는 것(한국형사정책연구원, *증권범죄에 관한 연구* (1996), 41쪽)은 서로 모순되는 이론구성이다.

그러므로 체계의 기능은 언제나 기능신뢰(Systemvertrauen)로서만 가능하다. 여기서 내부자거래처벌조항은 이와 같은 규범적이며 추상적인 기능 신뢰를 형법에 의해 보호하지 않고서는 증권시장체계가 기능할 수 없다는 전제에 서 있다는 점을 알 수 있다.

이는 물론 경제형법의 기본구상과 상통한다. 즉, 경제체계에 대한 신뢰는 '경제거래에서 기대 및 이익에 대한 전망이 어렵게 되고, 위험에 대한 예측이 불가능하게 되는 것을 방지'[30]하기 위해서 형법적인 보호를 받아야 한다는 것이다. 이런 구상에 따르면 증권시장의 기능 신뢰도 당연히 보호되어야 한다. 이와 같은 형법에 의한 기능보호 사상은 루만(Luhmann)식의 형법사회학적 이론에 의해서 잘 설명된다. 내부자거래는 기능 신뢰를 깨뜨리는 행위, 루만의 용어를 빌어 표현하면, 일종의 규범적 기대(normative Erwartungen),[31] 그러니까 증권시장에서 주가를 결정하는 매우 다양하고 복잡한 요소들의 분석 불가능한 상호작용에도 불구하고 행위자는 그의 행위가 야기할지도 모르는 부정적인 결과를 회피할 수 있는 방향으로 자신의 행위를 조종해야 한다는 점에 대한 반사실적인(kontrafaktisch) 기대를 좌절시키는 행위로 해석될 수 있다. 따라서 형법은 내부자거래를 한 행위자에게 제재(형벌)를 가함으로써 그런 기대(=증권시장의 기능 신뢰)를 안정화시켜야 한다는 것이다. 이렇게 되면 (형사)법 절차는 일반 투자자가 증권시장의 기능에 대해 갖는 신뢰를 상징적으로 회복시키는 과정을 의미하게 되고, (형)법은 증권시장의 복잡성, 좀 더 구체적으로는 주가결정요소들의 상호작용의 복잡성을 감축시키는 기능을 갖게 된다. 즉, 내부자거래를 형사제재함으로써 증권시장의 정

30) 한국형사정책연구원, *경제범죄의 유형과 대처방안* (1993), 19쪽 아래.
31) Luhmann, *Rechtssoziologie*, 2.Aufl., (1983), 40쪽 아래.

보 평등이라는 도덕적 행위규범을 시장참여자들에게 도덕적 행위규범을 내면화시키기보다는 정보 평등이라는 상징, 즉 다시 말해 시뮬라시옹이라는 이미지를 유지하는 것이다.

3) 형법의 행위규범 관리기능 그러나 이러한 복잡성의 축소(Reduktion von Komplexität)는 시장의 현실을 왜곡하지 않고서는 내부자거래처벌조항을 정당화할 수 없다. 증권시장의 복잡한 가격결정메커니즘 때문에 증권시장에 참여하는 사람은 내부자를 포함하여 행위 이전에(ex ante) 자신의 행위가 다른 투자자의 정당한 이익(또는 그것의 획득가능성)을 침해할 수도 있다는 점을 예측하여 그러한 행위를 피하면서도 아울러 여전히 자신에게 투자이익을 가져다주는 행동방식을 안내해주는 규범(행위규범)을 결코 발견할 수 없다. 여기서 형법에 의한 기능 신뢰의 보호가 정당화되기 어려움을 알 수 있다. 왜냐하면 행위규범이 발견되지 않는 곳에서 단지 기능적 일탈만을 이유로 형벌이라는 가혹한 제재를 가하는 것은 생활세계에서 사회적 통합을 달성하는 형법의 임무에 비추어 불필요한 권력 작용일 뿐만 아니라 형벌을 가한다고 해서 기능적 일탈의 행위들이 통제될 것이라고 기대할 수도 없기 때문이다. 형법은 수범자들의 상호이해가 가능한 규범을 관리하는 제도로서 남아 있어야 한다.[32] 형법이 하버마스(Habermas)가 말하는 것처럼 "제도로서의 법"(Recht als die Institution)[33]으로 남아 있어야 한다면, 증권시장의 기능 신뢰를 보호하기 위한 내부자거래의 형사처벌은 더 이상 정당화되기 어렵다.

---

32) 형법의 관할영역을 대화이론적으로 근거 짓는 대표적인 견해로 이상돈, "책임의 개인적 귀속과 형법의 관할영역", *형사정책연구* (1998·여름호), 91쪽 아래, 특히 118쪽 아래 참조.

33) Habermas, *Theorie des kommunikativen Handelns*, Bd.2, 1981, 536쪽.

(3) 내부자거래 형법의 역기능

1) 진실의무 그럼에도 불구하고 내부자거래를 형사처벌한다면 그것은 결국 증권시장의 참여자에게 언제나 '진실을 말해야 할 의무'를 부과하는 것과 마찬가지이다.[34] 즉, 내부자거래형법은 증권시장 참여자에게 주식시세의 형성에 영향을 미칠 수 있는 일체의 정보를 공개해야 할 의무를 부과하는 것이다. 이런 의무귀속이론은 미국 연방대법원이 최근 확고하게 받아들인 이른바 '정보유용이론'(misappropriation theory)[35]이 제시하는 함의와 거의 동일하다. 이 이론에 따르면 미공개정보를 부정 유용하여 증권거래에 이용하는 행위는 정보원(the source of the information)에 대한 사기행위가 되고, 이 행위는 결국 '유가증권의 거래와 관련된' 증권사기행위라는 것이다. 즉, 정보 유용자가 그가 일정한 회사와의 고용계약이나 위임계약 관계에서 지켜야 할 비밀준수의무를 위반하여 미공개정보를 증권거래에 이용하여 이익을 얻는 행위는 증권사기에 해당한다는 것이다.

> 예를 들어 1987.7.에 A회사는 B회사의 보통주에 대한 공개매수계획을 수립하고 C로펌을 대리인으로 선임하였는데, 甲은 C로펌의 파트너였다. 甲은 공개매수 대리행위에는 참여하지 않았지만 B회사의 보통주 및 콜 옵션을 매수하였다. 이후 A회사가 공개매수계획을 발표하자 B회사의 보통주의 주가는 급등하였고, 甲은 주식 및 콜 옵션을 매각하

34) 독일 형법 제264a조(자본투자사기)와 관련하여 이 점을 지적하는 견해로는 Zaczyk, Der Begriff "Gesellschaftgefährlichkeit" im deutschen Strafrecht, in: Klaus Lüderssen/Cornelius Nestler-Tremel/Ewa Weigend (Hrsg.), *Modernes Strafrecht und ultima-ratio-Prinzip*, 126쪽 아래.

35) 정보유용이론은 1980년대 초 Chiarella v. U.S. 445 U.S. 222 (1980)에서 검찰에 의해 최초로 제기되었다. 미국 연방대법원은 U.S. v. Newman, 664 F.2d 12(2d Cir. 1981), cert. denied, 464 U.S. 863(1983)에서 최초로 정보유용이론을 받아들였고, U.S. v. O'Hagan, 117 S. Ct. 2199(1997)에서 이 이론을 확고하게 채택하였다. 내부자거래와 관련된 미국 판례에 대해서 자세하게는 금융감독원, *증권시장의 불공정거래 사례* (1999), 121쪽 아래 참조.

여 340만 달러 이상의 이익을 얻었다. 여기서 甲이 C와의 계약을 이행하는 과정에서 미공개정보에 접근하여 취득한 정보를 이용한 증권거래행위는 비밀준수의무를 위반한 정보원에 대한 사기가 되고, 따라서 내부자거래에 해당한다.

이 정보원에 대한 사기이론 또는 정보유용이론의 궁극적인 함의는 결국 미공개정보를 취득한 사람이 그 정보를 증권거래에 이용한다는 사실을 누군가에게 — 여기서는 미공개정보에 접근을 허락한 정보원에 대해 — 말하지 않고 미공개정보를 이용하는 것은 처벌되어야 할 내부자거래에 해당한다는 것이다. 이것은 사실상 증권시장 참여자에게 미공개정보를 이용한다는 사실을 말할 의무를 부과하는 셈이다.

2) 반시장성 그러나 이런 진실을 말해야 할 (형법적) 의무는 일반 투자자는 물론이고 거래를 통해 일정한 이익을 획득하려는 내면적 의도를 갖고 있는 내부자에게도 설정될 수 없다. 왜냐하면 내부자는 물론이고 어떤 투자자이건 자신이 증권시장에서 다른 투자자보다 우월한 정보를 — 공정하게든 불공정하게든 간에 — 이용하고 있다는 점을 거래상대방에게 말해야 한다면 투자의 성공을 기대하기 어렵게 되고 결국 시장을 이탈하게 될 것이기 때문이다. 모든 증권시장참여자들은 오히려 그런 정보유용의 가능성을 갈망하고 있을 것이다. 따라서 내부자거래금지에서 전제된 에토스는 오히려 반시장적이라고 말할 수도 있다. 증권시장의 기능에 대한 신뢰의 보호는 증권시장의 효율적인 조직화를 목표로 하는 법, 예를 들어 투자자보호를 위한 각종 공시제도나 단기매매차익반환제도와 같은 경제(행정)법적 수단에 의해 실현되어야 할 것이다.

[도덕적이지 못한 시장에서 도덕적 참여자의 요구] 자본시장참여자들의 속성은 공정하지 않은 거래를 지향하는 반면, 자본시장을 유지·구축하기 위해서는 최소한의 공정성이 요구된다. 따라서 투기적 거래의 비중이 커질수록 공정성에 대한 요구 또한 높아지는 것이다. 여기서의 '공정성'(fairness)은 도덕개념에 해당하는 것이므로 결국 내부자거래의 규제는 시장 참여자의 도덕성을 확보하는 제도로 볼 수 있다. 따라서 이와 같은 내부자거래의 규제는 도덕적이지 못한 시장에서 도덕적인 참여자를 요구하는 결과가 되며, 이는 원래의 자본시장참여자들의 속성에 부합하지 않는 것이다.

3) 잘못된 이익형량 또한 증권시장의 기능 신뢰를 보호하는 형법의 정당화과정에는 잘못된 이익형량적 사고가 작용하고 있다. 즉, 이들은 증권시장의 기능에 대한 신뢰의 보호를 통해 유지될 수 있는 증권시장의 기능(에 대한 신뢰)이라는 '보편적 이익'과 내부자의 (증권)거래의 자유[36]와 같은 '시민의 구체적인 자유이익'을 서로 저울질하여 기능 신뢰의 이익을 우월적인 이익으로 평가하고 형법에 의해 보호하려 한다.

[합병정보의 이용] 예를 들어 A기업이 규모의 경제를 실현하기 위해 B기업을 합병하려고 시도하는 과정에서 A회사에서 합병업무를 담당하는 이사 甲이 B기업의 주식을 매수했다고 하자. 여기서 내부자거래를 형법이론적으로 정당화하려는 시도에 따르면 A기업에서 합병업무를 담당하는 이사 甲은 그 합병교섭이 타결되고 그 정보를 공시절차에 따라 공시하고 난 후 일정시간이 경과하기 전까지는[37] 이 합병정보를 이용하여 증권거래를 해서는 안 된다. 이사 甲은 이 정보를 다른 투자자들이 알 수 있도록 공시하지 않고서는 증권거래를 단념해

36) 내부자가 증권거래를 하는 이유는 다양할 수 있다. 예를 들어 내부자는 내부자거래로 인한 시세차익의 취득이나 손실의 회피 등의 목적이외에도 소유주식의 지분관리, 투자위험분산을 위한 개인 투자 포트폴리오의 조정, 자금의 유동성 확보 등을 위해 주식거래를 할 수도 있다.

37) 증권거래법시행규칙 第36조.

야 할 의무가 있기 때문이다. 따라서 甲의 행위는 내부자거래금지위반의 범죄에 해당한다.

그러나 이런 관점은 내부자의 증권거래의 자유를 심각하게 제한하는 것일 수 있다. 한편으로 우월적 이익으로 평가된 증권시장의 기능에 대한 신뢰는 앞에서 본 바와 같이 '규범적'이긴 하지만 반사실적인 그래서 '허구적'일 수도 있는 신뢰이익인 반면, 내부자의 증권거래의 자유는 '현실적'인 이익일 뿐만 아니라 더 나아가 '정당한' 이익일 수도 있기 때문이다. 여기서 정당하다고 보는 것은 — 예를 들면 위 사례에서 이사 甲의 투자의 성패가 내부자의 업무수행의 성공에 좌우될 수도 있다면 — 내부자의 투자행위가 오히려 내부자의 업무수행의 성공을 더욱 촉진시키는 순기능을 발휘할 수도 있기 때문이다.[38] 다시 말해 '투자의 성공'과 '업무수행의 성공'이 운명을 같이 하는 한 내부자의 투자행위는 정당한 것으로 인정될 수 있다. 이런 관점에서 보면 거래상황이 매우 탄력적으로 변화하는 현실 속에서 합병협상의 기간이나 합병협상의 성공여부 등이 매우 불확실함에도 불구하고 내부자(이사 甲)에게 언제나 그 정보와 관련된 증권거래를 해서는 안 될 의무를 부과하고, 그 의무위반을 근거로 그리고 '내부자거래 규제의 실효성'[39]을 목표로 형사처벌하는 것은 내부자의 거래의 자유를 과도하게 제한하는 것일 수 있다('과잉금지원칙'의 위반). 물론 투자의 성공과 업무수행의 성공은 서로 분리되거나 상반

38) 이와 같이 내부자의 투자의 성패와 업무수행의 성패가 운명을 같이 한다면 내부자는 진지한 정보를 바탕으로 하여 증권거래를 하게 되고, 이러한 진지한 정보를 인지한 투자자에 대하여는 거래비용의 감소라는 이익이 발생하게 되는 긍정적인 효과도 기대해 볼 수 있다. 즉, 불공정성을 지향하는 증권시장참여자들이 활동하는 증권시장에 진지한 정보를 제공함으로써 거래비용을 감소시킬 수도 있을 것이다.

39) 이승애, "내부자거래의 효율적 예방대책", *증권조사월보* (1991/2), 11쪽.

될 수도 있다. 증권투자의 성패는 단시간에 좌우될 수 있지만 인수합병의 업무는 상당한 시간이 경과해야 그 성공여부가 판가름 날 수 있기 때문이다. 이런 경우에 내부자(이사 甲)의 거래행위는 불공정한 것이 된다. 그러나 이러한 불공정성을 시정하는 수단으로 투자의 성패를 자신의 업무수행의 성공에 거는 바와 같은 내부자의 행위까지 민사법적 배상책임이나 행정법적 재제를 넘어 형사처벌하는 것은 분명 자유에 대한 과잉제한이라고 볼 수 있다.

Ⅳ. 형법정책

이상의 논의를 통하여 형법의 법치국가원칙(법익보호원칙, 책임원칙, 비례성원칙)을 형해화시키지 않고서는 내부자거래 영역에서 형법의 '경제정책적인 조종기능'[40]이 최적화될 수 없음을 알 수 있다. 여기서 내부자거래를 형법의 관할영역에서 밀어내는 작업, 즉 내부자거래의 비범죄화 문제가 제기된다.

1. 관할영역의 재설정

이에 관한 결론은 형법이 내부자거래를 자신의 관할영역 안에 두어서는 안 되고, 경제(행정)법의 영역으로 넘겨야 한다는 것이다.

(1) **내부자거래 관련통제제도의 재구성** 물론 이런 비범죄화 정책은 내부자거래에 대한 전체사회통제체계를 새로운 틀로 짜는 거시적

40) Albrecht, Erosionen des rechtsstaatlichen Strafrechts, KritV 2/1993, 166쪽.

인 작업의 일환으로 수행되어야 한다. 우선 현행 증권거래법에서 내부자거래의 통제와 관련을 맺고 있는 개별제도들을 살펴볼 필요가 있다.

1) 현행법개관 이런 제도로는 첫째, 단기매매차익거래금지제도(제172조), 공시제도(제161조) 그리고 주식소유 및 대량보유 보고제도(제173조 1항, 제147조 제1항)를 들 수 있다. 이 개별제도들을 민법, (경제)행정법 그리고 형법적인 통제수단에 따라 내부자거래관련 법규정을 도표로 정리하면 아래와 같다.

이 도표를 보면 현행 자본시장법에는 내부자거래금지규정과 이웃해 있는 여러 구성요건들이 있다. 예를 들어 단기매매차익반환제도는 내부자가 미공개정보를 이용하여 단기매매차익을 얻으려는 동기를 차단함으로써 내부자거래를 예방할 수 있다. 그리고 주식소유변동보고와 주식대량보유보고 제도는 상장기업의 임·직원 또는 주

내부자거래관련법규정

	(특별)민법적 제재	행정법적 제재	형법적 제재
내부자거래 (제174조)	○ (제175조)	○ (제426조)	○ (제443조)
공매도금지 (제180조 ①항)	×	○ (제426조, 제449조)	○ (제445조)
주식소유변동보고 (제173조 ①항)	×	○ (제426조)	○ (제446조)
주식대량보유보고 (제147조 ①항)	×	○ (제150조, 제151조 ①항)	○ (제444조, 제445조)
공시의무 (제161조 ①항)	×	○ (제429조 ③항)	○ (제444조, 제446조)
단기매매차익반환 (제172조)	×	○ (제426조)	○ (제445조)

요주주의 주식거래를 일일이 확인함으로써 내부자거래를 감시할 수 있게 한다. 마지막으로 공시의무는 상장기업의 경영·재산에 관한 정보를 일반 투자자가 알 수 있도록 공시하게 함으로써 정보의 독점적 이용을 방지하는 역할을 한다. 자본시장법은 이러한 공매도, 주식소유변동보고의무, 주식대량보유보고의무 및 공시의무의 위반을 내부자거래와 마찬가지로 범죄화 하고 있다. 둘째, 자본시장법은 사후적인 통제제도도 마련하고 있다. 예를 들어 금융감독위원회는 그 내부거래자가 임원인 경우 해당 법인의 주주총회에 대하여 임원의 해임을 권고하거나 일정기간 유가증권의 발행제한 등의 조치를 취할 수도 있다.

2) **비범죄화** 그러나 앞서 언급한바와 같은 내부자거래를 예방적으로 통제하는 의무구성요건들은 비범죄화되어야 한다. 그런 의무구성요건들은 단지 증권시장의 기능에 대한 잠재적 위험(내부자거래의 위험)을 관리하는 전형적인 행정법적 의무에 속하기 때문이다. 다시 말해 그런 의무구성요건을 위반하는 행위는 행정권력 작용에 대한 단순 불복종행위(echt ungehorsames Verhalten)에 해당한다. 공매도, 주식소유변동보고의무, 주식대량보유보고의무 그리고 공시의무의 위반은 비범죄화되어야 한다. 더 나아가 이러한 제도들에 의한 내부자거래의 예방적 제도나 해임권고 등의 사후 교정적 제재가 활성화된다면 내부자거래금지위반죄의 비범죄화는 그 만큼 더 설득력을 갖게 될 수 있다. 이 점은 바로 금융감독원의 실무가 반증해주고 있다. 현재 금융감독원의 실무를 살펴보면, 혐의가 있는 내부자에 대해 조사(자본시장법 제426조 ①)를 한 뒤, 이 혐의가 확인되면 대개는 검찰에 '고발'하거나 '통보'(자본시장법시행령 제138조 3호)하는 조치

를 취하고 있다. 이것은 현재 금융감독위원회(또는 증권선물위원회)가 내부자거래 혐의자에 대해 취할 수 있는 상당수의 행정법적 조치들을 거의 활용하고 있지 않다는 점을 보여준다. 그러나 금융감독위원회가 형사고발보다 예를 들어 주주총회에 대해 임원의 해임권고 또는 주식발행의 제한 등의 행정법상의 조치(자본시장법 제422조, 자본시장법시행령 27조 2항 제37조 1항 등)를 충분히 활용한다면[41] 이것만으로도 내부자거래의 예방이 상당한 정도까지 가능할 것이다.

(2) **형법에 앞선 자율규제와 구조적 사전조치** 그러나 이런 행정실무의 변화와 함께 내부자거래의 근본적 발생요인을 제거할 수 있도록 자율적 규제메커니즘의 형성과 구조적 개혁정책의 실시가 강구되어야 할 것이다. 우선 주식발행을 대행하는 증권회사에서 내부정보가 유통되는 것을 차단할 수 있는 업무분담장치(일명 Chinese Wall)의 구축,[42] 내부자거래와 관련되어 있다고 판단되는 증권거래(예: 차명거래)의 거부[43] 그리고 불공정거래행위에 대한 내부교육 프로그램의 마련 등과 같이 증권회사 스스로 내부자거래를 예방할 수 있는 내부 장치들을 마련해야 할 것이다.

다음으로 내부자거래에 대한 근본적인 예방은 증권거래의 투명성과 정보유통의 효율성을 높이기 위한 거시적인 경제구조정책의 실행에 의하여 뒷받침될 수 있다. 또한 이렇게 할 때에만 내부자거래

41) 현재 금융감독위원회의 해임권고에 따라 해임된 회사의 임원은 상당기간 동종업종에 재취업할 수 없다고 한다.

42) 정보차단장치는 예를 들어 증권회사 내부에서 투자결정을 하는 부서와 투자고객에 대해 중개·자문하는 부서를 인적·공간적으로 분리시킴으로써 내부정보가 유통되는 것을 차단하는 것을 들 수 있다. 한국증권업협회에 따르면 우리나라 대부분의 증권회사는 이 장치를 실행하고 있지 않다고 한다.

43) 증권회사의 거래창구에서는 예를 들어 차명거래자(내부자거래 대부분이 차명계좌를 이용하여 행해짐)도 별다른 확인절차 없이 증권거래를 할 수 있다고 한다.

의 예방과 투자자보호가 효과적으로 실행될 수 있을 것이다. 이와 같은 제도로는 다음과 같은 경제정책을 예로 들 수 있다.

- **소유와 경영의 분리** 현재 형사사건화 된 내부자거래를 살펴보면,[44] 상장기업의 대주주나 임원에 의한 행위가 거의 대부분이다. 이것은 우리 기업의 대부분이 소유와 경영이 분리되어 있지 않은데다, 개발독재 이래로 경영권 확보를 위해 대주주 1인의 높은 지분율을 제도적으로 보장해 온 결과이다.[45] 따라서 내부자거래의 발생가능성을 원천적으로 차단할 수 있도록 소유와 경영을 완전히 분리시킬 수 있는 경제구조정책이 실행되어야 한다.
- **주식소유변동신고제도 및 금융실명제의 보완** 현행 자본시장과금융투자에관한법률 제173조은 상장기업의 임・직원 및 주요주주가 다른 사람의 명의이지만 자기의 계산으로 거래한 주식의 변동사항에 대해서도 보고하도록 되어 있다. 하지만 대부분의 내부자거래는 차명계좌를 이용하여 발생하고 있다. 따라서 임・직원 및 주요주주의 차명거래와 주식소유의 변동을 파악할 수 있는 제도적 장치(예: 임・직원 및 주요주주의 가족 등의 주식소유상황의 직접 신고의무의 설정)를 마련할 필요가 있다. 또한 증권거래를 할 때 차명계좌의 이용을 막을 수 있는 제도적 장치의 도입도 시급하다.
- **공시제도의 보완** 투자정보 유통의 효율성을 높이기 위해 새로운 정보공시매체의 개발과 활용을 적극적으로 추진하여야 한다. 이와 관련하여 금융감독위원회는 자본시장과금융투자에관한법 제436조, 증권거래법 시행령 제84조의30, 유가증권의 발행 및 공시 등에 관한 규정 제10장에 의거하여 전자공시제도를 마련하였다.[46]

---

44) 금융감독원, *증권시장의 불공정거래 사례* (1999), 23~43쪽.

45) 박삼철, "유가증권 불공정거래규제에 관한 비교법적 고찰", *증권조사월보*, (1994/12), 38쪽; 이승애, "내부자거래의 효율적 예방대책" (1991/2), 19쪽.

46) 이에 따라 전자공시시스템(일명 DART System [Data Analysis, Retrieval and Transfer System])이 구축되었다. 이는 상장법인 등이 인터넷을 통하여 공시서류를 제출하면, 투자자 등 이용자는 제출 즉시 인터넷을 통해 그 공시서류를 조회할 수 있도록 하는 종합적인 기업공시시스템이다. 이는 i) 누구든지 시간과 장소에 구애받지 않고 금융감독원에 제출된 모든 공시자료를 열람하는

- **실질적 상장심사** 현재 주식상장제도를 살펴보면 증권거래소에 주식을 상장할 수 없을 정도로 부실한 기업도 형식적인 주식상장심사를 통해 상장이 이루어지고 있다.[47] 따라서 부실기업의 주식상장을 정확히 걸러낼 수 있도록 실질적인 상장심사를 가능하게 하는 제도적 장치의 마련이 시급하다.
- **국제적 회계기준의 도입** 나아가 분식회계와 부실정보의 유통을 원천적으로 예방할 수 있는 제도적 장치, 예를 들어 국제적 회계감사기준의 마련 등과 같은 제도의 마련이 요구된다. 이러한 요구에 부합하여 주식회사와 외부감사에관한법률 제13조 제1항 1호에 회계처리기준의 적용방법으로 국제회계기준위원회의 국제회계기준을 채택하여 정한 회계처리기준을 규정하고 있다.

2. 형법의 관할영역

(1) **자유우선원칙** 내부자거래에 대한 형법적 통제는 이런 경제구조정책이 우선적으로 실행된 이후에나 그 가능성을 모색해 볼 수 있을 것이고, 현행 증권거래법의 내부자거래 구성요건은 그보다 먼저 비범죄화되어야 할 것이다. 왜냐하면 적어도 형사입법자가 자신이 금지하려고 하는 내부자거래행위가 일반 투자자의 재산상의 손해와 같은 부정적인 결과를 야기할 수 있다는 점에 대해 경험(과학)적으로 충분히 입증하지 못한 상황에서는 '의심스러울 때에는 (시민의) 자유의 이익으로'(in dubio pro libertate) - 원칙에 따라 비범죄화

것이 가능하고 ii) 인터넷을 통해 자료를 제출하고 동일서류를 제출하는 창구가 일원화 되어 상장법인 등 공시의무자의 부담이 경감되며 iii) 신고서의 접수뿐 아니라 접수여부의 확인 등 일체의 과정이 전산화 되어 행정의 투명성과 효율성을 제고할 수 있고 iv) 신속한 정보에 대한 투자자의 접근이 용이해져 자본시장의 건전한 발전을 도모할 수 있다는 장점을 갖는다. 자세한 내용은 인테넷의 http://dart.fss.or.kr 사이트에서 확인할 수 있다.

47) 특히 고수익·고위험을 제도적으로 보장하고 있는 코스닥시장의 경우에는 주식상장기준이 증권거래소보다 훨씬 더 완화되어 있다.

하는 것이 비례성원칙에 부합하기 때문이다. 그러나 현행 내부자형법의 입법과정에서 내부자거래의 당벌성은 거의 논증되지 않았던 것으로 보인다. 그럼에도 형사입법자가 내부자거래행위를 범죄화한 것은 시민의 자유(이익)에 불리한 법률실험(Gesetzesexperiment)[48]을 한 셈이라고 평가할 수 있다.

(2) **축소해석의 법정책** 내부자거래의 비범죄화는 물론 증권거래법상의 내부자거래처벌조항의 삭제를 요구한다. 하지만 최근 IMF-경제위기를 전후로 해서 공식적인 범죄통계에 보고되고 있는 내부자거래의 발생건수가 점점 더 증가하는 반면,[49] 내부자거래를 차단하는 구조개혁은 아직 요원한 상황에서 내부자거래처벌조항을 폐지하는 입법이 단시일 내에 이루어지리라고 기대하기는 어려울 것으로 보인다. 그렇다면 내부자거래의 범죄구성요건이 폐지될 때까지만이라도 현행법을 목적론적 축소해석의 방법으로 그 적용범위를 제

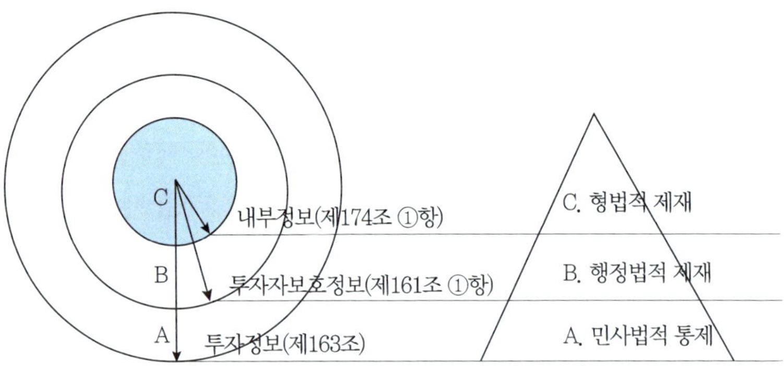

내부자거래규제법의 관할영역

48) Marxen, Strafgesetzgebung als Experiment? Gesetzesexperimente in strafrechtlicher Sicht, GA (1985), 547쪽 아래.
49) 금융감독원, *증권시장의 불공정거래 사례* (1999), 14쪽 아래.

한하는 법정책이 감행될 필요가 있겠다. 이런 법정책은 위의 도표가 보여주듯이 내부자거래와 관련을 맺고 있는 경제(행정)법과 경제형법의 관할영역의 한계를 명확하게 설정하는 것을 통해 실행될 수 있다.

위의 도표 내부자거래규제법의 관할영역에서 각각의 원 영역은 '투자판단에 중대한 영향을 미치는 정보'의 중요성, 공시의무 그리고 정보의 공시방법의 차이 등을 고려하여 획정한 것이다. 이 도표에서 보면 증권시장에서 투자판단에 영향을 미치는 정보는 ① 투자정보(도표의 A영역), ② 투자자보호정보(도표의 B영역) 그리고 ③ 내부정보(도표의 C영역)로 세분화되어 있다. 먼저 투자자보호정보(B)는 투자자의 투자판단에 영향을 미칠 수 있는 정보 중에서 특히 중요한 것으로서 증권거래소에 신고해야 할 의무가 있는 정보(=공시의무정보)를 의미한다. 이런 공시의무정보는 경제(행정)법적으로 투자자의 보호와 직접 관련을 맺고 있다. 이 투자자보호정보의 관리는 경제행정법의 영역에 속한다. 다음으로 투자정보(A)는 상장법인에 관한 풍문 및 보도에 의한 정보, 즉 일반적인 시장정보(allgemeine Marktdaten)[50]를 의미한다. 이 투자정보는 일반적으로 공시의무가 있는 정보는 아니지만, 투자자의 보호를 위해 공시가 필요하게 된 정보를 말한다. 즉, 이 영역의 정보는 그 정보의 특성상 제163조(사업보고서의 공시)와 같은 적시공시제도가 적절하지 않다. 그러나 현행 자본시장과금융투자업에관한법률은 투자정보도 수시공시제도(동법 제163조)에 의해 행정적 관리의 대상으로 삼고 있을 뿐만 아니라, 행정법적 제재(제163조/제164조 ②항)까지 관리의 수단으로 활용하고 있

50) 일반적인 시장정보는 상장회사의 내부로부터 창출된 정보가 아니라는 점에서 내부정보에 해당되지 않는다고 보아야 한다.

다. 그러나 이런 투자정보는 행정적 관리의 대상으로 삼을 수는 있지만, 그 관리를 위해 설정된 의무(구성요건)의 위반에 대해서는 (특별)민사법적 제재에 머무르는 것이 바람직하다.[51] 마지막으로 이러한 전제에서 만일 내부정보(C)를 이용한 거래행위를 여전히 형사처벌하려 한다면, 내부정보(제174조)는 단지 상장법인 또는 협회등록법인의 업무 등과 관련하여 일반인에게 공개되지 아니한 중요한 정보(제174조)이어야 할 뿐만 아니라 동시에 자본시장과금융투자업에관한법률 제174조의 '투자자의 투자판단에 중대한 영향을 미칠 수 있는 미공개의 정보'이면서 동시에 제161조 ①항의 공시의무가 있는 정보에 국한되어야 한다(기존의 증권거래법은 제188의 2의 적용을 받는 미공개의 정보는 "186조 1항의 공시의무가 있는 정보 중 투자자 판단에 중요한 영향을 미치는 것으로 한정(구 증권거래법 제188의 2 ②항)" 규정하고 있었다). 그러나 판례는 기존의 증권거래법 제188의 2의 미공개정보 해석에 있어서 186조 1항의 공시의무가 있는 정보를 예시로 보고 공시의무 이외의 중요한 모든 정보를 포함[52]한다고 해석해왔다. 이후 자본시장과금융투자업에관한법률은 이러한 종래의 판례의 입장을 수용하여 제174조(구증권거래법 제188의 2)와 제161조 ①항(구증권거래법 제186조 ①항)의 연계조항을 없애, 제174조의 미공개의 정보에 공시의무가 있는 정보 이외 모든 중요한 정보를 포함한 것으로 제정되었다. 그러나 내부정보를 이용한 거래행위를 형사처벌하기 위해서

51) 증권거래소의 정보제공요구에 불응하는 행위에 대해 금융감독위원회가 취하는 조치 가운데 주총에 대한 임원의 해임 권고조치(제193조)는 유가증권발행제한조치나 의결권행사제한조치와 같은 전형적인 행정법적 제재와 사법적인 제재의 중간에 위치한다고 볼 수 있다.

52) 2008. 11. 27. 선고 2008도6219; 판례는 제174조의 투자자의 투자판단에 중대한 영향을 미칠 수 있는 정보를 제161조에 열거한 유형이 개별적으로 예시한 것으로 보아 모든 중요정보를 포함하는 것으로 확대해석하고 있다

는 투자자의 투자판단에 중대한 영향을 미칠 정보일 뿐 만 아니라, 제161조 ①항의 수시공시의무 대상이어야만 한다.

(3) **내부자거래의 축소해석** 이와 같이 내부자거래형법의 관할영역을 설정하는 법정책을 추구한다면 현행 자본시장법상 내부자거래 구성요건(제174조 ①항)도 가능한 한 축소해석 하는 것이 바람직하다. 축소해석의 방향정립에는 EC에서 1989년에 발효된 '내부자거래에 관한 법규정의 동화를 위한 지침법'에서 법 동화를 위한 최소한의 규제내용으로 정립한 것에 근접하도록 현행법을 해석하고, 동 지침법이 법문화적·법체계적 차이로 인해 합의가 불가능한 사항, 그래서 개별구성국에 그 규제를 위임한 것들[53]은 현행법상 내부자거래의 규범영역에서 배제시키는 해석이 유용할 수 있다. 그러한 축소해석의 대표적인 예로서 다음과 같은 것들을 들 수 있다.

1) **사실상의 지배주주** 현행법상 내부자인 '주요주주'(제174조 ①항 2호)로서 '사실상의 지배주주'(증권거래법 시행령 제2조의 9)는[54] 상법상 주주로서 장부열람권(상법 제466조)이나 검사인선임청구권(상법 제467조)을 가질 수 있는 발행주식 총수의 3%이상을 갖고 있는 주주에 국한한다.

2) **내부자의 범위** ① '중요한 정보를 직무와 관련하여 알게 된 자'에서 회사와의 신뢰관계가 없는 자는 배제하도록 하여야 한다.[55] 여기서 회사와 내밀한 관계를 맺고 정보를 창출하거나 지배

---

53) 이에 관해서 자세하게는 이준섭, *EU은행·증권법* (1995), 198-213쪽.

54) 사실상의 지배주주를 포함한 것은 지분율이 매우 낮으면서도 선단식 경영으로 계열기업을 지배하는 재벌총수의 내부자거래를 규제하기 위한 것이다(이승애, "내부자거래의 효율적 예방대책", *증권조사월보* (1991/2), 32쪽 참조).

55) 따라서 청소부와 같이 우연히 내부정보를 접하게 된 자의 경우에는 내부자로 볼 수 없다. 앞에서 소개한 미국의 주주에 대한 수탁의무이론도 내부자의 해석

할 수 있는 지를 기준으로 내부자의 범위를 검토하는 것이 필요하다. 다시 말해, 정보창출자를 임원, 사외이사, 계열사 등으로 세분화하고 이들의 투자정보이용행위를 유형화하고자 한다.[56] 첫째, 스톡옵션을 받을 정도의 임원들은 정보창출자인 경영진으로 볼 수 있으나, 그 외의 임원들은 실질적으로 정보수령자와 유사한 지위를 갖게 된다. 왜냐하면 회사의 내부자인 임원들도 회사의 중요 정보에 접근할 기회가 동일한 것이 아니기 때문이다. 둘째, 사외이사의 경우는 법률상으로는 정보창출자이지만 지배주주와의 관계에 따라 다르게 보아야 한다. 지배주주와 적대적인 관계를 맺고 있는 사외이사는 경영진의 행위를 비판하고 견제하는 역할을 수행하기 때문에 현실적으로 경영진과 함께 정보를 창출하거나 지배하기 힘들다는 점에서 내부자 신분을 갖고 있다고 보기 어렵다. 반면, 지배주주와 우호적인 관계를 맺고 있는 사외이사는 경영진의 조력자 역할을 수행하면서 미공개 중요정보를 접할 기회를 가지게 된다. 그러나 정보접근이 가능한 영역은 사회적으로, 특히 시민단체로부터 불법경영이라는 비판이 가능한 경영행위일 경우와 지배주주와 실무경영자의 의견조율이 필요한 경우로 제한적이다. 따라서 이런 제한적 영역에서 비로소 정보창출자의 신분성을 가지게 된다. 셋째, 계열사의 경우 출자구조에 따라 다르게 판단될 수 있는데, 계열사들이 순환출자를 가지고 있는 경우에는 계열사들이 기업집단의 실질적 경영자의 지배를 받는 구조가 되기 때문에 그룹의 지배자(owner)만이 정보창출자의 지위를 가

에서는 이와 같은 결론에 도달한다. 그러나 이와 관련지어 최근 우리나라 대법원은 "정직처분을 받았더라도 그 자체만으로 내부정보에 대한 부당한 이용의 가능성이 전혀 없는 경우에 해당하지 않는다고 판단하고 내부정보에 대한 부당한 이용가능성을 넓게 인정하고 있다(대판 2008.3.13, 2006다73218).

56) 이상돈 · 지유미 · 박혜림, *기업윤리와 법* (법문사, 2008), 39쪽.

지게 되는 반면, 50% 이상 출자를 통해 다른 계열사의 의사결정을 실질적으로 지배할 수 있는 계열사의 경우는 정보를 창출하는 내부자로서의 신분성을 가지게 된다.

② 현재 법률상 정보수령자 역시 정보창출자와 동일하게 내부자거래행위의 주체성을 인정하고 있다. 그러나 정보를 수령하더라도, 정보의 신뢰성, 정보가 미치는 주가 영향력, 시장의 반응 등에 대한 판단 자체가 불확실해 정보 비수령자(일반 투자자)와 마찬가지로 위험을 감수하고 거래에 임하게 되기 때문이다. 원칙적으로 정보수령자들에게는 내부자거래의 신분 주체성을 인정하기 어려움에도 불구하고 정보수령자를 정보창출자와 동일하게 내부자거래행위의 주체로 인정하고 있다. 따라서 '이들로부터 당해 정보를 받은 자'(2차내부자)의 경우에는 지득한 내부정보를 단순히 다른 사람에게 전달하는 행위는 금지되지 않는 것으로 보아야 한다. 그리고 '… 그 정보를 다른 사람으로 하여금 이를 이용하게 하는 행위'의 신분성은 단순한 정보전달[57]을 넘어서 다른 사람에게 내부정보를 제공해주고 그 정보를 이용한 거래행위를 '적극적으로 교사'하는 행위를 한 경우에만 인정해야 한다.

> A신문사 경제부 차장 甲이 B주식회사의 무세제 세탁기 제품시연회를 열기 전날 이 회사가 팩시밀리로 보낸 보도자료와 취재기자 보고를

57) 미국의 증권거래위원회(SEC, Securities and Exchange Commission)는 정보가 수차례에 걸쳐 단계적으로 전달된 경우에 모든 간접 정보수령자에게 내부자거래의 책임이 있다는 판결을 내린 바 있다(이승애, "내부자거래의 효율적 예방대책", *증권조사월보* (1991/2), 11쪽 아래). 이에 반해 독일 유가증권거래법 제14조 제2항은 2차내부자의 경우에는 본인이 직접 미공개정보를 이용하여 거래를 하는 행위만을 금지하고 있다(이른바 'Verwertungverbot'). 물론 여기서 2차내부자에는 기자처럼 업무상 회사내부의 정보를 지득할 가능성이 있는 자는 포함되지 않는다. 현행 증권거래법 제188조의2 ①항, 4호는 "당해 법인과 계약을 체결하고 있는 자"(예: 회계사나 컨설팅회사의 직원 등)로 규정하고 있기 때문이다.

통해 무세제 세탁기 개발정보를 안 후 같은 날 저녁 자신의 동생 乙에게 전화로 그 사실을 알려주어 乙이 그 다음날 B주식회사 주식 3만 4,000여주를 주당 3,000-3,590원씩에 집중매입하였고, A신문사가 다시 그 다음날 무세제 세탁기 관련 기사를 크게 보도한 이후 연속 14일간 B주식회사의 주가가 상한가를 기록하며 상승하여, 결국 乙이 거액의 시세차익을 얻은 사건[58]에서 甲이 乙에게 B주식회사의 주식매입을 적극적으로 권유한 경우에만 甲의 행위는 내부자거래에 해당한다.

3) 상장 전 정보의 목적조항 내부정보란 상장법인이나 협회등록법인의 업무관련정보이어야 하며 6월내에 상장 또는 협회등록을 하는 법인의 업무관련정보[59]를 이용하는 행위의 경우에는 '상장을 통해 내부자거래에 의한 시세차익을 취득하려는 목적'이 행위자에게 있을 것을 요구한다.

4) 내부정보의 범위 ① 내부정보는 공시의무가 있는 정보로서, ② '증권시세에 현저한 영향을 미칠 것이 명확하고 확실한 정보', 즉 '특히 중요하고'(fact of special significance)[60] '정확한'[61] 정

---

58) 조선일보, 1999.5.19. 30-31쪽 기사 참고.

59) 1998년에 증권거래법은 '6월내에 상장 또는 협회등록하는 법인'의 업무와 관련된 정보도 내부정보에 해당할 수 있도록 개정되었다. 결국 내부자거래의 가벌성의 범위가 확대 되어 최근 대법원이 무죄판결을 선고한 사건(대판 1999.6.11, 98도3097)도 내부자거래행위에 해당할 수 있게 되었다. 그러나 이 경우에도 다시 목적조항을 넣어 해석함으로써 그 가벌성의 범위를 다소 제한할 수 있을 것이다.

60) 이런 기준은 미국법률협회(America Law Institute)가 제안한 연방증권법(Federal Securities Code) §1603(1978)에 따른 것이다. 이 기준에 따르면 '특히 중요한 사실'이란 ① 일반인에게 공시된다면 유가증권의 가격에 현저한 영향을 미칠 가능성이 있거나, ② 그 구체적인 정도나 그 당시에 일반인이 지득한 정보와의 차이 또는 그 성질 및 신뢰성 등에 비추어 보아 일반인이 투자결정을 할 때에 특별히 중요하다고 인정하는 사실이다.

61) EC의 내부자거래규제지침법 제1조 제1호는 "유가증권의 발행자 또는 당해 유가증권에 관한 것으로서 만일 그것이 공개되었더라면 당해 유가증권의 시세에 상당한 영향을 줄 수 있는 공개되지 아니한 정확한 정보"라고 규정한다. 이에 관한 해석으로 Grunewald, Neue Regeln zum Insiderhandel, ZBB 1990, 128

보이어야 하며 동시에 ③ '일반인에게 공개되지 아니한 정보', 즉 (공시의 시점이 아니라) 예를 들면 언론매체를 통하여 정보가 공중에게 전파된 정보[62]가 아니어야 한다. 따라서 예를 들면 '결산실적을 추정한 결과'[63](①②요건의 결여), '회사외부에서 창출된 정보'[64](①요건의 결여), '회계장부에 나타나지 않은 누적적자와 자금난'과 같이 '주식거래의사결정에 중요한 정보'[65](②요건의 결여) 등은 아직 내부정보에 해당한다고 보기 어렵다.

쪽 아래, 132쪽; 이준섭, 앞의 책(주 235), 206쪽 아래 참조.

62) 증권거래법시행규칙 第36조 (정보의 공개)는 법 제188조의2 ②항의 규정에 의한 다수인으로 하여금 알 수 있도록 공개한 정보는 ① 법령에 의하여 금융감독위원회와 증권거래소 또는 협회에 신고되거나 보고된 서류에 기재되어 있는 정보로서 그 내용이 기재되어 있는 서류가 금융감독위원회와 증권거래소 또는 협회가 정하는 바에 따라 비치된 날부터 1일이 경과된 정보, ② 정기간행물의등록등에관한법률에 의한 일반일간신문 또는 경제분야의 특수일간신문 중 전국을 보급지역으로 하는 2이상의 신문에 그 내용이 게재된 날부터 1일이 경과된 정보, ③ 방송법에 의한 방송(특수방송을 제외한다)중 전국을 가시청권으로 하는 방송을 통하여 그 내용이 방송된 후 12시간이 경과된 정보, ④ 증권거래소 또는 협회가 설치・운영하는 공시방송망 등을 통하여 그 내용이 공개된 후 24시간이 경과된 정보를 가리킨다고 규정한다.

63) 판례는 이를 내부정보로 본다(대판 1995.6.29, 95도467). 그러나 이런 정보는 추정정보로서 정보의 중요성 요건을 충족하지 못할 뿐만 아니라 공시의무정보에도 포함되지 않는다는 점에서 내부정보에 해당하지 않는다고 보아야 한다.

64) 김건식, *미국증권법* (1996), 175쪽.

65) 대법원은 중대성에 관해 "투자자의 투자판단에 중대한 영향을 미칠 수 있는 정보라 함은 법 제186조 제1항 제1호 내지 제11호(현행 증권거래법상 제1호 내지 제12호)에 그 사실 등의 유형이 개별적으로 예시되고 나아가 제12호(현행 증권거래법상 제13호)에 포괄적으로 규정되어 있는 법인경영에 관하여 중대한 영향을 미칠 사실들 가운데, 합리적인 투자자라면 그 정보의 중대성과 사실이 발생할 개연성을 비교・평가하여 판단할 경우 유가증권의 거래에 관한 의사를 결정함에 있어서 중요한 가치를 지닌다고 생각하는 정보를 가리키는 것이라고 해석함이 상당하고, 나아가 그 정보가 소론과 같이 반드시 객관적으로 명확하고 확실할 것까지 필요로 하지는 아니하는 것"이라고 보고 있다(대판 1994.4.26, 93도695).

제 4 장

차입에 의한 M&A와 형법

Ⅰ. 차입매수의 범죄화

Ⅱ. 차입매수의 범죄화와 합리성의 충돌

Ⅲ. 차입매수배임죄의 구조분석

Ⅳ. 차입매수의 법정책적 지평

이 글의 출처와 생성

제4장의 글은 한국증권법학회, 2006년 12월 정기세미나(2006.12.23,)에서 발표한 "차입매수의 인수합병과 배임죄의 성립여부"를 교정보완한 논문인 "차입에 의한 기업인수(LBO)와 배임죄", 경제법연구(제7권 1호, 2008) 171~194쪽에서 비롯된다. 이 논문 이후 4년간 학계에서 같은 주제의 문헌들이 다수 생산되었고, 새로운 쟁점들이 형성되었다. 제4장의 글은 이런 문헌과 쟁점들을 추가로 검토하여 한국상사법학회 춘계학술대회(2010.4.30.)에서 발표한 "LBO와 이사의 형사책임"을 다시 교정·보완한 글이다. 처음 증권법학회의 발표에서 제기된 의문과 반대견해들, 그리고 두 번째 상사법학회의 발표에서 제기된 의문과 반대견해들에 대한 나의 답변들이 두 차례의 논문에서 거듭되고 있고, 이 글은 그것들을 모두 포함하고 있다.

I. 차입매수의 범죄화

1. 경영기법을 위축시킨 형법

차입자금에 의한 기업인수(Leveraged Buyouts)(차입매수 또는 LBO로 약칭)란 "기업매수가 성공할 것이라는 기대 하에서 피매수기업의 자산이나 수익력을 담보로 매수에 소요되는 자금을 여러 가지 원천으로부터 조달하고, 차후에 피매수기업의 수익성이 향상되고 나면 그 이익이나 자산의 매각대금으로 이들 채무를 상환해 나가는 기업매수방식"[1]을 말한다. 피인수회사의 자산을 이용한 담보대출을 지렛대로 삼아 그 회사의 이익을 높게 만든다는 것이다. 인수합병(M&A)을 위한 자금조달수단으로서 차입매수는 경영계에서는 저평가된 기업이나 재무구조가 취약하긴 하지만 발전전망이 있는 기업의 효과적인 구조조정 수단으로 인식된다.[2]

(1) 차입매수를 범죄화하는 우리나라 판례 그러나 대법원은 다음의 사례 ⓐ에서 차입매수를 업무상 배임죄로 처벌하는 판결(대판 2004도7027; 2007도5987)을 내놓았다.

> **사례 ⓐ:** 甲은 국내금융기관으로부터 그 자금을 조달할 목적으로 2001.5.23. 주택건축 및 분양업을 주된 사업목적으로 하는 K사를 설립하였다. 甲은 K사의 대표이사로서 2001.5.25. D종금과의 사이에 A

1) 윤종훈 · 이호준 · 법무법인 한결 · 화인 경영회계법인, *M&A 전략과 실전사례* (매경출판, 2005), 588쪽.
2) 송종준, "PEF와 M&A: LBO의 구조와 법적 문제", *금융법연구* (제2권 제1호, 2005), 60~61쪽.

(주)의 법정관리가 종결하면 A(주)가 D종금에 90억원을 지급하여 D 종금이 A(주)에 대해 보유하고 있는 잔여정리채권을 포함한 모든 채권이 자동 소멸하는 것으로 하며 이에 더하여 A(주)의 채권에 대해 D종금이 질권설정한 것을 모두를 해지한다는 약정을 체결하였다. 이 약정은 甲이 A(주)의 대표이사가 된 이후인 2001.6.15. A(주)가 D종금에 96억원을 지급하는 것으로 변경되었고, 이와 같은 약정에 따라 2001.6.27. A(주)는 D종금에 96억원을 지급하였다. 甲은 A(주)를 인수할 자금을 조달하기 위해 K사 명의로 2001.6.4. D종금으로부터 350억원을 대출받으면서 우선 K사가 취득할 A(주)의 발행주식 520만 주에 대하여 근질권을 설정하되, K사가 A(주)를 인수한 이후에는 A(주) 소유의 부동산에 대해 근저당권을 설정하기로 약정하였고, 이와 같은 약정에 따라 K사의 A(주) 인수 후인 2001.6.25. A(주) 소유의 부동산에 대한 근저당권 설정계약을 체결하여 2001.7.3.부터 2001.7.9.사이에 근저당권설정등기를 경료하고 D종금으로부터 신주를 반환받았다. 또한 甲은 2001.6.5. K사 명의로 H은행으로부터 320억원을 대출받으면서 K사가 A(주)의 정리채권자인 N종금으로부터 양수하기로 한 정리채권(620억원 상당)에 대해 우선 담보를 설정하고, A(주)를 인수 한 후에 A(주)가 현금 시재로 보유하고 있는 320억 원을 H은행에 예치하여 이를 대출금채무에 대한 담보로 제공하는 대신 정리채권에 대한 담보를 해지하기로 약정하였다. 이에 따라 2001.6.9. A(주)의 보유자금인 320억원을 H은행에 예치하고, 2001.6.13. 그 정기예금채권에 대해 근질권설정계약을 체결하고 정리채권 등에 대한 담보를 해지하였다. 2001.6.7. 서울지방법원 파산부는 A(주)의 관리인 乙의 정리담보권 및 정리채권 조기변제 허가신청을 허가하였고, 같은 날 甲은 법원으로부터 대표이사 선임허가를 받아 등기를 경료하였다. A(주)는 2001.6.8. 정리담보권자 및 정리채권자의 채권원리금을 현재가치로 할인하여 정리담보권자와 정리채권자 각각에 대해 채무를 변제하고, 법원은 같은 날 A(주)에 대한 회사정리절차를 종결하였다. 법정관리 종결 당시 A(주)의 채무는 약 1,035억원에 달하였으나 2001.12.31.에는 약 876억원, 2002.12.31.에는 약 737억원으로 감소하였고, 2001.10.경부터 2002.12.31. 사이에 총 9,259억원 상당의 공사를 수주하였을 뿐 아니

라, 순 자산가치도 2001.3. 888억원에서 2003.6.30. 1,262억원에 달하는 등, 그 후 A(주)는 비약적인 성장을 이룩하였다.

이제 차입매수는 중대한 경제범죄의 하나가 되었다. 실제 양형기준표에서도 상당히 무거운 형량이 설정되고 있다.[3] 학계에선 여기서 더 나아가 차입매수는 외형상으로는 기업의 실제가치를 초과하는 잉여가치를 만들지만 실제는 부채 피라미드일 뿐이라는 점을 이유로 전면 금지되어야 한다는 주장도 전개되고 있다.[4] 이런 주장은 유럽연합의 지침에는 부분적으로 이미 제도화되어 있다.[5]

(2) 차입매수의 합법화 그러나 모든 차입매수가 배임죄가 되는지는 매우 의문이다. 차입매수의 과정은 <① 우선협상대상자 → ② MOU체결 → ③ 실질적 담보설정 → ④ 신주발행 및 대표취임 → ⑤ 물권적 담보설정 등(계약이행) → ⑥ 경영정상화>로 구조화된다. 이런 과정을 거쳐 도산 위기에 처했던 회사가 기사회생하고, 채무도 감소하고, 비약적인 성장을 하는 사례가 적지 않다. 그렇기 때문에 차입매수는 투입비용 대비 산출수익을 극대화하는 구조조정의 한 방편이 될 수도 있다.

1) 선진각국의 규제완화 또한 선진각국에서도 일정한 요건하에서는 널리 활용되는 기법이 되고 있다.

---

3) 2009년 대법원 양형위원회의 양형기준안에 의하면 사례 ⓐ와 같은 차입매수를 배임죄로 처벌한다면 최소 4년에서 최대 11년의 징역형에 처할 수 있다고 한다. 이는 13세 미만 아동의 유사성교나 강간치상, 강간상해죄의 양형구간에 상응한다. 이런 양형계산으로 자세히는 이상현, "LBO에 대한 정당한 규제", *규제연구* (제18권 제1호, 2009), 131쪽.

4) Loren Goldner, "1973년으로의 회귀?: 달러중심 축적체계 쇠퇴의 연속과 불연속", *진보평론* (제28권, 2006), 258쪽 아래 참조.

5) LBO를 전면적으로 금지하는 유럽연합의 Second Council Directive 77/91/EEC(1976.12.13.)의 제23조 제1항 참조.

[차입매수에 대한 선진각국의 규제완화] 선진각국의 차입매수규제 제도를 요약해본다면,[6] ① 미국은 대체로 일정한 테두리조건 — 이를테면 주요 정보공개, 이해관계 없는 이사 또는 주주들의 과반수 승인과 같은 신중한 판단 및 공정한 대가 — 을 충족하면 LBO를 결정한 이사의 책임을 인정하지 않는다. 이로써 차입매수의 허용여부는 그것이 전반적으로 공정한 지(Entire Fairness Doctrine)에 따라 결정된다고 할 수 있다. ② 영국은 유럽연합 가입 전엔 회사들이 자신의 주식을 취득하도록 돕는 금융지원행위를 금지하고 처벌하였지만(Companies Act 1985, 제151조), 유럽연합 가입 후 제한적으로 예외를 인정하다, 2008년 실시된 회사법(Companies Act 2006, 제678조 내지 제680조 참조)에 의해 원칙적으로 금지된 LBO가 회사의 이익을 위해 선의로 제공되거나, 그로써 순자산이 감소하지 않거나, 배당가능 이익에서 제공된 것이라면 예외적으로 허용되고 있다. ③ 독일은 유한회사에 대해서는 자기자본의 유지를 조건으로 허용한 반면, 주식회사에 대해서는 LBO의 법률행위를 무효(nichtig)로 규정한다(AktG: Aktiengesetz §71a 참조). 독일의 경우는 유한회사가 회사형태의 중심을 이룬다는 점을 고려하면 상당히 광범위하게 LBO를 인정하고 있는 셈이 된다. ④ 일본은 2000년의 「민사재활법」과 「회사재활법」 개정으로 법정관리절차에 따라 법원의 승인이 있으면 LBO를 허용하고 있으며 2003년 「산업활력재생특별조치법」에 의해 일정한 절차를 따르면 법정 외의 LBO를 허용하고 있다.

2) 규제의 논리적 구조 선진각국의 규제상황을 보면 세 가지로 요약할 수 있다. 첫째, 경제활성화와 자본시장의 효율성을 위해 차입매수를 일정한 범위에서는 허용한다. 둘째, 미국은 원칙적 허용, 예외적 제한을, 그 밖의 국가들은 대체로 원칙적 금지, 예외적 허용의 규제틀을 갖고 있다. 셋째, 이때 허용의 요건은 '이론적으로'

6) 이에 관해 자세히는 이상현, "LBO에 대한 정당한 규제", *규제연구* (제18권 제1호, 2009), 112~118쪽 참조.

LBO의 장점	LBO의 단점
• 여러 경제주체(인수자, 피인수회사)가 하나로 합쳐 (피인수회사의) 자산을 공동으로 이용함으로써 가치창출의 비용을 절감함 • 위기에 빠짐으로써 활용이 비효율적으로 돼버린 기업의 자산매각을 촉진시킴. • 피인수기업의 기존 경영진을 교체함으로써 대리인 비용을 절감하게 함. • 경영혁신기법의 도입으로 회사재정의 건전화와 기업가치의 향상을 도모할 수 있음. • 법인세법상 혜택(이자의 세금공제)[7]	• 피인수회사의 자기자본 대비 부채비율을 높임 • 피인수회사의 내부정보의 편의적 이용과 사기양도의 위험 • 인수자에 대한 신뢰성 평가의 어려움

볼 때, 대체로 위의 표와 같은 차입매수의 장점과 단점 사이의 균형을 잡는 지향성을 갖고 있다고 볼 수 있다.

(3) **합법화기준의 불가능한 계량화** 그러나 차입매수를 범죄화하는 정책에서 이러한 균형잡기는 만족할만한 수준으로 성공하기는 매우 어렵다. 이를테면 부채비율이 일정 한도로 증가하면 회사의 자본비용이 이익을 초과한다고 보고,[8] 따라서 그것을 알고도 차입매수를 하면 배임죄가 성립한다고 보는 것이다. 그러나 배임죄의 불법은 그와 같이 어떤 기준 하나에 의해 '계량적으로' 그 유무가 판단될 수 있는 성격의 것이 아니다. 차입매수의 합법화는 그것의 긍정적 효과에 의해 뒷받침되는 것이지만, 어떤 차입매수가 긍정적 효과를 부정적 효과보다 더 많이 발휘하게 될지는 객관적으로 예측하기

7) 이상훈, "LBO와 배임죄 (상)", *법조* (제619권, 8월호, 2008), 112~113쪽.
8) 이에 관해서는 박태현, "LBO의 효과 및 허용범위에 대한 미국회사법상의 논의", *서울대 금융법센터 BFL* (제24권, 2007), 70쪽.

어렵기 때문이다. 즉, 차입매수가 위기에 빠진 기업을 살리고, 주주와 채권자를 보호하게 될 만큼 성공할 것인지 여부는 인수자의 의사(투기의사 또는 투자의사) 이외에 그의 위기해결역량에 대한 시장의 평가나 채권단의 채권회수정책, 그 기업의 산업적 전망, 시장에서 투자자들의 반응과 정부의 정책, 국제경영환경 등 매우 다양한 요소들이 복합적으로 작용하여 결정된다.

이상의 논의를 종합해보면, 차입매수를 배임범죄화한 대법원의 법정책은 분명, 매우 중요한 부실기업의 회생전략, 또는 기업의 경쟁력유지를 위한 새로운 시장진입의 경영 전략적 수단을 기업과 경영인들로부터 빼앗아 가버리는 것이 될 수 있다.

2. 범죄화정책의 근거

이처럼 차입매수를 배임범죄로 삼는 대법원의 배임죄해석의 법정책적 근거는 크게 두 가지로 요약될 수 있다.

(1) **법률적 재산의 대등한 교환의 흠결** 차입매수를 배임죄로 바라보는 가장 핵심적인 근거는 반대급부의 흠결에 있다. 즉, 피인수회사로서는 주채무가 변제되지 않을 경우 담보로 제공된 자산을 잃게 되는 위험을 부담하게 되므로, 인수자가 피인수회사에 아무런 반대급부를 제공하지 않고 임의로 피인수회사의 재산을 담보로 제공하게 하였다면, 인수자 또는 제3자에게 담보가치에 상응한 재산상 이익을 취득하게 하고 피인수회사에게 그 재산상 손해를 가하였다고 봄이 상당하다는 것이다.[9]

---

9) 같은 취지로 인수인의 대가제공 없는 차입매수는 배임으로 보는 전현정, "LBO와 배임죄: 손해를 중심으로", *서울대 금융법센터 BFL* (제24호, 2007), 96쪽 아

[판례: 차입매수의 배임범죄화 이유] 기업인수에 필요한 자금을 마련하기 위하여 그 인수자가 금융기관으로부터 대출을 받고 나중에 피인수회사의 자산을 담보로 제공하는 방식{이른바 LBO(Leveraged Buyout) 방식}을 사용하는 경우, 피인수회사로서는 주채무가 변제되지 아니할 경우에는 담보로 제공되는 자산을 잃게 되는 위험을 부담하게 되는 것이므로, 인수자가 피인수회사의 위와 같은 담보제공으로 인한 위험부담에 상응하는 대가를 지급하는 등 반대급부를 제공하는 경우에 한하여만 허용될 수 있다 할 것이다. 따라서 만일 인수자가 피인수회사에 아무런 반대급부를 제공하지 않고 임의로 피인수회사의 재산을 담보로 제공하게 하였다면, 인수자 또는 제3자에게 담보가치에 상응한 재산상 이익을 취득하게 하고 피인수회사에게 그 재산상 손해를 가하였다고 봄이 상당하고(대판 2006.11.9, 2004도7027), 이는 인수자가 자신이 인수한 주식, 채권 등이 임의로 처분되지 못하도록 피인수회사 또는 금융기관에 담보로 제공됨으로써 피담보채무에 대한 별도의 담보를 제공한 경우라고 하더라도 마찬가지라고 할 것이다(대판 2008.2.28, 2007도5987).

이런 입장에 따르면 인수합병의 당사자들이 급부와 동등한 반대급부를 교환하지 않으면 이는 배임이 되며, 이때 급부와 반대급부는 좁은 의미의 법률적 재산으로 구성되어져야 한다. 따라서 인수자의 경영능력이나 네트워크 형성능력 등은 경제적 재산일 수 있으나, 그런 것은 급부와 반대급부의 교환여부에 대한 판단에서 중요하지 않게 된다. 하지만 이런 근거는 재산 개념이 <법적 재산개념 → 법적-경제적 재산개념 → 경제적 재산개념>으로 확장되는 현대적인 흐름에 역행한다.

또한 반대급부가 좁은 의미의 법률적 재산이어야 한다는 요청은 모험거래의 가능성을 제거해버린다. 물론 정상적인 경영상황에서 모험거래, 특히 반대급부가 없는 인수합병은 배임의 성격을 띠기 쉽다.

래, 101~102쪽 참조.

그러나 차입매수와 같은 모험거래를 무릅쓰지 않는다면 도산하거나 정리될 운명에 처한 기업에게까지 모험거래를 불법화하는 것은 적절하지 않다. 모험거래를 통한 기사회생의 경영전략은 심폐소생술과도 같은 것이기 때문이다.

(2) **투자자보호의 절대명령** 차입매수를 배임범죄화하는 대법원의 해석정책이 기초하는 두 번째 근거는 투자자보호에 있다.

1) **투자자보호의 절대화** 즉, 피인수회사가 부도로 인해 회사정리절차가 진행 중인 주식회사였고, 그런 회사의 회생을 위한 목적이 있었다고 할지라도 피인수회사의 주주나 채권자들의 잠재적 이익은 여전히 보호되어야 한다는 것이다. 이와 같은 투자자보호라는 도덕적 요청은, 판례의 행간을 읽어보면 반대급부의 흠결이라는 첫 번째 근거가 타당하지 않다고 해도, 그 자체로서 차입매수를 배임범죄로 만들 수 있는 근거가 된다. 또한 투자자보호의 요청 때문에 인수자가 설령 피인수회사(본인)의 이익을 위한다는 의사도 가지고 있었다 하더라도, 이득 또는 가해의 의사가 주된 것임이 판명되면 배임죄의 고의를 인정할 수 있다[10]는 논리를 취하게 된다. 그런데 이때의 이득의사 또는 가해의 의사는 첫 번째 근거, 반대급부의 미제공이라는 사실로부터 이미 인정할 수 있다. 그러므로 투자자보호의 요청은 인수자가 피인수회사의 이익을 위하는 의사를 가졌고, 심지어 그 회사를 기사회생시키는 경영을 수행한 경우에도 결코 굴절되지 않는다. 이런 점에서 차입매수의 배임범죄화에서 투자자보호는 하나의 '절대명령'(Imperativ)과 같은 것이 된다고 볼 수 있다.

2) **실질적 자본감소** 판례가 보여준 관점은 아니지만 투자

10) 대판 2000.11.24, 99도882; 2004.5.14, 2001도4857 참조.

자보호를 이처럼 절대명령화한다면, 차입매수를 배임범죄화하는 새로운 논리도 생성될 수 있다.

(가) **주총의 특별결의 필요성** 즉, 차입매수는 반대급부가 없다는 점에서 실질적으로는 '자본감소'이고, 이는 주주총회의 특별결의(출석한 주주의 의결권의 3분의2 이상, 발행주식총수의 3분의1 이상의 수)[11]가 필요할 만큼 엄정한 주주보호가 요청되는 사항인데, 이사회 결의만으로 이루어진다는 점에서 배임성이 인정된다는 것이다. 이런 논리는 분명 판례의 투자자보호 논거의 연장선에 있다. 이런 논리를 거꾸로 바라보면, 차입매수(LBO)를 하려는 사람은 배임죄의 덫에 걸리지 않게 위해서는 피인수회사가 (법률이 규정하지 않는 사항에 대해서까지) 주주총회의 특별결의를 받아오도록 해야만 하는 것이 된다. 즉, 법원이 상법 제438조의 "자본감소" 개념을 법률적 재산의 의미에서 반대급부가 없는 채무보증이나 담보제공 등의 행위에 대하여 '공식적으로' 확장적용하는 문제와는 별개로 이러 요청을 충족해야 한다.

(나) **형법을 통한 실질적 상법의 개정** 그러나 그런 확장적용은 아마도 공식적으로 이루어지지는 않을 것이다. 이렇게 볼 때 투자자보호의 절대명령 아래서 차입매수를 배임범죄로 바라보는 형법해석은 실질적으로 상법을 개정하는 것이며, 이는 상법의 형법에 대한 실질적 종속을 가져오는 것이기도 하다. 이런 현상을 두고 '형법의 과잉'이나 '형법의 과도한 도덕주의적 편향'을 염려하지 않을 수 없게 된다.

11) 상법 제438조, 제434조 참조.

Ⅱ. 차입매수의 범죄화와 합리성의 충돌

차입매수를 범죄화하는 형법해석의 타당성에 대한 논의는 (형법)체계내재적인(systemimmanent) 비판과 분석, 그러니까 특히 배임죄의 성립요건에 대한 형법해석학적 검토만으로는 부족하다. 앞서 보듯 형법해석이 상법의 실질을 형성하고, 더 나아가 경영영역과 인수합병시장을 구조적으로 제약하기 때문이다. 여기서 (형법)체계초월적인(systemtranszendental) 비판과 분석이 요구된다. 내가 여러 곳에서 논의해온 합리성의 충돌과 괴리[12)]라는 현대사회의 구조적 현상과 그런 괴리를 메우고 극복하는 사회체계간의 통합을 법이 성찰적으로 고려해야 한다는 점은 차입매수의 범죄화정책에서도 고려되어야 한다.

1. 경영형법의 취약한 정당성

(1) **차입매수를 배임행위로 말함** 우선 차입매수를 배임범죄로 바라보는 형법해석의 타당성이 위로부터, 그러니까 어떤 법이념으로부터 확보되는 것이 아니라 아래로부터, 즉 차입매수를 배임행위라고 말하는 것이 차입매수의 거래당사자들 뿐만 아니라 보통의

12) 가장 일반적이며 간략한 설명으로 이상돈, *로스쿨을 위한 법학입문* (법문사, 2009), 14~16쪽; 의료영역에 관해서는 이상돈, *의료체계와 법* (고려대학교출판부, 2000); 분식회계의 부실감사와 관련해서는 이상돈, *부실감사법* (법문사, 2007) 참조; 이를 발전시키고 있는 양천수, "합리성 개념의 분화와 충돌 -독일의 논의를 중심으로 하여-", *법과 사회* (제31호, 2006), 211~234쪽.

시민들이 정의로운 것이라는 느낌(법감정)을 가질 수 있는 것인지를 살펴볼 필요가 있다. 일찍이 나는 법원의 판결이란, 현행'법'의 구체적 내용이 무엇인지를 말하는 행위라는 법이론적 해명을 한 바 있다.[13] 말행위(speech act, Sprechakt)의 이론을 법에 적용한 것이다.

그런데 오늘날 다원주의 사회에서는 법원이 말하는 법과 시민들이 말하는 법이 다를 때가 많다는 점에 주목할 필요가 있다. 이런 말함의 차이는 법원이 법을 형성한 사건(판결사안)에 대해 법원이 말하는 바와 개인(피고인, 피해자, 관찰자)이 그가 체험한 사건에 대해 말하는 바에 차이가 있음을 전제한다. 이 차이는 물론 각자의 가치관이나 정치적 이념, 경험의 다양성 등과 같은 선이해의 차이에서 비롯된다. 하지만 합리성의 괴리라는 현상은 이 선이해가 사회체계마다 어떤 집단적인 전형성을 띠는 영역에서 등장한다. 그런 전형성의 차이가 차입매수를 배임행위로 말할 수 있는지에 대한 법조인집단과 경영인집단 사이에서도 발견된다.

(2) 차입매수에 대한 나레이션의 차이 예컨대 앞의 차입매수 사건에서 피고인은 차입매수를 배임범죄에 해당하는 스토리로 말하는 대법원의 관점과는 사뭇 다른 스토리를 말할 것이다. 즉, 그는 부실화되어 정리절차에 넘어간 회사를, 페이퍼컴퍼니를 설립하고, 은행권으로부터 프로젝트파이낸싱(Project Financing P/F)[14]을 끌어온

13) 법을 법관의 말행위로 보는 이상돈, "법관의 말행위와 올바른 법", *저스티스* (제25권 제2호, 1992), 155~175쪽; 이상돈, *기초법학* (법문사, 2010), 426쪽 아래 참조.

14) 엄밀한 의미에서 차입매수가 P/F인지는 다소 의문이 있다. 페이퍼컴퍼니가 Project Company가 된다는 점, 프로젝트가 특정 사업이 아니라 피매수회사의 모든 사업을 포괄한다는 점에서 그러하다. 하지만 그 외의 점에서는 피매수회사의 정상화를 프로젝트로 삼고, 그 수행에 따른 현금흐름과 수입을 상환재원으로 삼아, 프로젝트 회사(매수회사)에 대하여 자금을 공급한다는 점에서 P/F로 볼 수 있다.

후 도급규모와 순자산가치를 꾸준히 상승시켜 정상화시킨 사건, 즉 자신의 '경영능력과 경영업적'을 보여준 사건으로 말할 것이다. 이에 비해 대법관들은 피고인 자신이 회사를 매수할 자본도 없으면서 매수할 바로 그 회사의 자산을 담보로 잡아 돈을 빌린 다음, 그 돈으로 그 회사를 꿀꺽 삼켜 먹어버린 사건, 그러니까 매우 부도덕한 경제범죄행위의 전형으로 말한 것이다. 이와 같이 한편에서는 '부도덕한 범죄행위'라고 말하고, 다른 한편에서는 '훌륭한 선진기법의 경영행위'라고 말하는 내레이션(narration)의 극단적 차이가 있다.

(3) **권위적 합법주의의 지양** 그런 차이의 내레이션을 두고, 법원의 말과 다른 말을 법외적인 것, 심지어 불법적인 것으로 단정하는 것은 '권위적 합법주의'라고 보아야 한다. 민주적 법치국가는 토론민주주의(deliberative Democracy)를 지향할 필요가 있고, 법에서 말하는 정상성이나 합법성에 묻혀버리는 다른 스토리텔러(Storyteller)[15]의 다른 목소리를 드러내 보이고, 그것에 귀 기울일 수 있을 때, 즉 성찰적일 때 법체제의 정당성도 창출될 수 있다. 가령 이 사안에 대해 나에게 말해보라고 하면 위 사건의 차입매수인을 범죄자라고 볼 것까지는 없지만, 그러나 자산이 없는 자가 — 아마도 정경유착의 상황에서는 정치적, 그렇지 않은 경우에는 학연, 지연, 혈연 등의 사회적·인적 네트워크를 활용하여, 즉 좁은 의미의 전통적인 경영능력과 구별되는 정치사회적 능력을 활용하여 — 프로젝트파이낸싱(P/F)을 성공시키는 것만으로 남의 회사를 꿰차는 것은 좀 문제가 있다는 식으로 말할 것이다.

한 사건을 두고 펼쳐지는 내레이션의 차이가 상당하고, 또한 그

15) A. W. Frank, "The Standpoint of Storyteller", *Qualitative Health Research*, Vol. 10, No. 3. 353쪽 아래; 이상돈·이소영, *법문학*(신영사, 2005), 288쪽 참조.

차이가 개인들(단지 피고인이나 특정한 대법관) 사이의 차이가 아니라 법조인집단과 경영인집단 사이의 차이로 등장한다면, 선이해의 집단적인 전형성과 그 위에서 형성된 하부문화의 차이 그리고 사회체계들, 즉 법체계와 경제체계 사이의 합리성괴리가 있다고 말할 수 있게 된다.

2. 경영판단과 법의 이원적 코드

사회체계들 사이의 합리성괴리 가운데 가장 대표적인 것이 경영합리성과 법적 정의 사이의 차이이다. 차입매수의 배임성에 대한 판단에서도 이런 차이는 매우 분명하게 드러난다. 먼저 법적 정의와 경영합리성 사이의 간극과 괴리가 왜 발생하는지 살펴보아야 한다.

(1) **합 · 불법의 이원적 코드에 담기지 않는 모험거래** 루만(Luhmann)은 법의 기능은 인간의 행동에 대해 합법 또는 불법을 판정함으로써 현실의 복잡성을 축소시켜주는 데에 있다고 말한다.[16] 즉, 법은 합법과 불법이라는 이원적 코드로 작동한다. 이에 반해 경영행위의 합리성은 (합법으로 판정되는) 합리적 경영과 (불법으로 판정되는) 비합리적 경영이라는 이원적 코드로 연산되지 않는다. 왜냐하면 주도면밀한 정보 분석을 토대로 한 경영판단이 실패로 끝나기도 하는 반면, 부실한 경영판단이 성공을 거두는 경우가 결코 적지 않기 때문이다. 차입매수에 대한 결정은 기업회생의 (때로는 유일한) 전략으로 이루어지더라도 결과는 회사만 팔아넘긴 것이 될 수도 있는 반면, 부당하게 대가 없이 회사만 넘겨주는 것 같아 보였지만, 부실

16) N. Luhmann, *Ökologische Kommunikation*, Opladen, Westdeutscher Verlag, 1986, 78쪽.

기업의 회생과 발전의 디딤돌이 되어 줄 수도 있다.[17] 그렇기 때문에 차입매수를 불법의 범주에 가둘 수만도 없다. 즉, 경영행위, 특히 모험거래적 성격을 띠는 경영행위는 합법과 불법의 이원적 코드에 의해 그 합리성이 재단될 수 없다는 것이다.

(2) **위험감수원칙과 위험회피원칙의 충돌** 이렇게 차입매수의 합리성이 법적 판단에 담기기 어려운 데에는 경영의 근본원리와 법의 근본원리 사이에 차이점이 있기 때문이기도 하다. 법에서 정의라 함은 범죄와 형벌, 손해와 전보 등과 같은 고전적인 형상도 있지만 여기서 주목하는 것은 현대사회의 특성, 즉 위험사회에서 등장한 정의의 원리이다. 법익의 침해가 과학기술화된 삶의 형식에서 비롯되는 각종 위험이 실현된 결과로 등장하는 현대사회에서는 발생한 법익침해에 대한 손해전보보다 그러한 위험의 실현을 차단하는 것이 법적 정의의 실질적 내용이 된다. 그래서 오늘날 법에서는 이른바 위험회피원칙(principle of risk avoiding)이 지배한다. 이에 반해 경영의 근본원리는 정반대이다. 즉, 경영에서는 위험감수원칙(principle of risk taking)이 지배한다. 경영은 위험을 무릅쓸 때 성공하고, 성장하는 것이라는 논리에서 결코 벗어날 수 없다. 법적 책임은 어떤 위험을 창출 또는 증대하였다거나 위험의 전개를 방치했다고 하여 부과되는 반면, 시장에서는 '고위험을 감수할 때에 고수익'이 보장되기도 하는 것이다. 이런 범주적인 차이는 경영의 합리성/비합리성 개념과 법적 정의/부정의 사이의 간극과 충돌을 구조적인 현상으로 발생시킨다. 차입매수는 바로 이런 현상의 전형을 이룬다. 회사정리절차에 들어간 기업을 획기적으로 기사회생시키고, 성장의 모멘트를 얻게

17) 이런 모험거래의 불확실성이 배임죄 적용에서 고려되어야 한다는 Th. Hilenkamp, "Risikogeschäft und Untreue", *NStZ* 1981, 163쪽 참조.

하는 데에는 인수합병, 특히 차입매수와 같은 모험거래적인 경영기법이 긴요한 것일 수 있다.

3. 모럴헤저드의 범죄화와 경영판단원칙의 수용 사이에

이처럼 차입매수의 경영합리성이 법의 이원적 코드에 정합적으로 담길 수 없는 현상 앞에서 두 가지 길이 등장한다.

(1) **차입매수의 범죄화와 형법의 심정윤리화** 하나는 최근의 판례들[18]이 그런 경향을 보여주고 있는데, ① 어떤 경영결정의 결과가 실패(회사의 부실화, 도산)로 끝난 경우에 그리고 ② 법적용이 가능한 개념(anwendungsfähiger Begriff)으로 정밀하게 포착되지 않는 모종의 '모럴헤저드'(moral hazard)가 경영행위에 있다고 인정되는 경우에, ③ 아래(Ⅲ)에서 보듯 '포괄구성요건'으로 배임죄를 리모델링한 다음에 배임죄의 형사책임을 부과하는 길이다. 이런 판례의 경향은 시장 및 경영의 논리와 법적 정의 사이의 간극을 메우기는커녕 경제체제와 법체계를 더욱 분열시키기 쉽다.

그런데 여기서 주목해야 하는 점은 차입매수를 배임범죄로 구성하는 것은 이와 같은 판례의 일반적인 추세에서 한 걸음 더 나아간다는 점이다. 즉, 경영결정이 실패로 끝난 것이 아니라, 성공으로 끝난 (요건 ①의 흠결) 사안에 대해서도 범죄로 인정함으로써, 사실상 모럴헤저드가 곧 배임범죄가 되어 버리게 만든다는 것이다. 이런 형법의 확장은 분명 위험형법에 수반되는 법치국가원칙의 침융을 한 단계 더 높은 수준으로 진행시킨다. 차입매수의 배임범죄화

18) 이런 판례들의 경향을 다양한 각도에서 분석한 이상돈, *윤리경영과 형법* (신영사, 2005), 30~42쪽 아래 참조.

는 아마도 회사, 채권자 등의 재산권을 보호하는 것을 경영인들이 포기해서는 안 된다는, 일종의 심정윤리를 저버린 점만으로 형벌을 부과하는 것이라 할 수 있다. 그러므로 차입매수의 범죄화는 위험형법의 위험성을 넘어, 독일의 나치시대에 등장한 형법에 대해 가해졌던 비판의 목소리, 이른바 '심정윤리의 형법'이라는 소리를 들을 만도 할 것이다.

(2) **경영판단원칙의 적용** 다른 한 길은 법체계가 경영의 합리성에 대해 개방적이고 성찰적인 태도를 취하는 식의 길이다. 이 길은 주로 경영판단원칙(business judgement rule)[19]을 대폭 수용함으로써 열린다.

1) **선관의무와 충실의무의 준수** 이 원칙에 의하면 경영자가 선의(in good faith)와 상당한 주의(due care)로 자신의 권한 범위 내에서 행한 거래의 경우에는 그로 인해 회사에 손해가 발생하였어도 그에 대한 형사책임을 경영자에게 귀속시키지 않는다. 그러니까

---

19) 이에 관한 판례법의 발전을 성문화한 미국법률협회(ALI)의 Principles of Corporate Governance : Analysis and Recommendations § 4.01 Duty of Care Directors and Officers ; *the Business Judgement Rule* (a) A director or officer has a duty to the corporation to perform the director's or officer's functions in good faith, in a manner that he or she reasonably believes to be in the best interests of the corporation, and with the care that an ordinarily prudent person would reasonably be expected to exercise in a like position and under similar circumstances. This Subsection (a) is subject to the provisions of Subsection (c) (the business judgement rule) when applicable. (c) A director or officer who makes a business judgement in good faith fulfills his duty [of care] if : (1) he is not interested in the subject of the business judgement ; (2) he is informed with respect to the subject of his business judgement to the extent he reasonably believes to be appropriate under the circumstances; and (3) he rationally believes that his business judgement is in the best interests of the corporations.

차입매수인이 정리절차에 들어간 기업의 (사실상) 경영진으로써 담보설정 등을 통한 프로젝트파이낸싱(P/F)이 피인수회사를 회생시키기 위한 효과적 방편이 된다는 믿음으로 하였다면 배임죄의 형사책임을 귀속시켜서는 안 되는 것이다. 물론 미국의 경영판단원칙은 이사의 선관주의의무의 위반에 대해서만 적용되고, 충실의무의 위반에 대해선 적용이 없다.

그런데 차입매수인은 페이퍼컴퍼니의 대표이사이고, 피인수회사의 사실상 이사로 본다면, 그의 차입매수행위는 충실의무에 위반한 것이고, 따라서 그의 차입매수에 대하여는 경영판단원칙이 적용되지 않을 수 있다. 그러나 차입을 위하여 두 회사 사이에 양해각서(MOU)를 체결하고 피인수회사의 자산으로 담보를 설정하는 단계에서 차입매수인은 아직 피인수회사의 이사가 아니었다는 점에서 차입매수행위가 직접 충실의무에 위반되는 것은 아니라고 할 수 있다. 물론 차입매수인에게 피인수회사 이사의 사실상 지위를 인정하더라도 이때 충실의무[20]는, 기업이 대출기간에 창출할 수 있는 현금의 총합을 현금흐름할인법(DCF)에 의해 현재가치로 환산한 액수가 대출금액에 못미치게 되는지를 확신할 수 없었다면 그 위반을 인정할 수 없을 것이다.

2) 형법상 경영판단원칙의 확장 또한 여기서 더 나아가 차입매수자가 피인수회사의 사실상 이사로서 충실의무에 위반하였다고 볼지라도, 민사사건[21]에서와는 달리 형사사건에서는 경영판단원칙을

20) 상법 제382조의3 (이사의 충실의무)은 "이사는 법령과 정관의 규정에 따라 회사를 위하여 그 직무를 충실하게 수행하여야 한다"고 규정한다. 그러나 여기서 충실의 의미에 관해서는 매우 논란이 많다.

21) 이에 관한 우리나라 판례로는 대판 2002.3.15, 200다9086; 2002.6.14, 2001다52407; 2003.4.11, 2002다61378 참조; 주요 논문으로는 이영봉, "경영판단의 법

적용할 필요도 있다.

특히 형법상의 배임죄가 명문으로 있지 않은[22] 미국과 달리, 명문의 배임죄(형법 제356조, 제355조 제2항)를 포괄구성요건으로 운영하는 한국의 법원실무에서는 미국보다 경영판단원칙을 더 확대 적용할 필요가 있기 때문이다. 이런 해석은 배임죄 규범의 보호목적(Schutzzweck)이 '회사를 해하는' 경영인의 충실의무위반만을 포착한다고 봄으로써 가능하다. 즉, 차입매수에서 설령 충실의무의 위반이 있다고 인정하더라도 그 위반은 피인수회사의 구조조정을 위한 과정에서 일어난 것이고, 그 구조조정이 회사를 해하는 것이 아니라 회생시키는 조치의 일환으로 이루어졌다는 점에서 그 충실의무위반은 배임죄 규범의 보호목적 밖에 위치한다는 것이다.

Ⅲ. 차입매수배임죄의 구조분석

차입매수를 배임범죄로 구성하는 해석의 체계내재적 관점을 분석・비판하지 않는다면 판례의 해석정책을 변화시키기는 어렵다. 체계초월적 비판은 법형성에 참여하는 당사자의 관점이 아니라 법체계 밖의 관찰자의 관점으로서 참고할 사항이기는 하지만, 판결이 직접 기초로 삼아야만 하는 것으로 받아들여지지는 않기 때문이다. 그러

칙의 수용에 관한 검토", *상사법연구*, 제19권 제1호 (2000), 47~52쪽; 고재종, "경영판단의 원칙의 도입여부에 관한 비교법적 고찰", *비교법학연구*, 제2집 (2003.9), 39쪽 참조.

22) 조국 교수는 미국 연방법상의 '우편사기죄'(mail fraud)(U.S.C. Title 18의 Chapter 63 중 §1341, §1343조)가 배임죄에 해당한다고 주장한다(조국, "기업범죄 통제에 있어서 형법의 역할과 한계—업무상 배임죄 배제론에 대한 응답", *형사법학연구*, 제19권 제3호, 2007 가을, 169~171쪽).

므로 차입매수를 배임범죄로 만드는 논리를 형법해석학적 차원에서 해부하는 일이 필요하다.

1. 배임죄요건의 리모델링

(1) **비윤리적 경영행위의 배임죄화** 우선 차입매수에 적용된 배임죄(형법 제355조 2항, 제356조)는 ① 타인의 사무를 처리하는 자가 ② 그 임무에 위배하는 행위를 하여 ③ 재산상의 이익을 취득하고, 그 타인(본인)에게 재산상 손해를 발생시키고, ④ 고의(불법이득의사)가 인정될 때 성립한다.

차입매수에 대해 이 규정을 적용하는 것은 특히 1997년 IMF 관리체제 이후 윤리경영을 강조하는 판례의 흐름에 합류한다. 그 흐름은 한 마디로 배임죄의 '포괄구성요건화'라고 요약할 수 있다. 여기서 포괄구성요건(Auffangtatbestand)이라고 개념화한 것[23)]은 배임죄의 네 가지 성립요건을 다음과 같이 변형함으로써 일반조항보다는 좀 더 사례지시적이긴 하지만 전통적인 법치국가적 형법의 범죄구성요건이 갖추어야 할 명확성의 수준보다는 상당히 낮아진 구성요건이 만들어진다는 점을 두고 하는 말이다. 첫째, ① 타인사무처리자는 '적극적인 재산관리의무자'로부터 (배후이사, 무권대행자, 명예회장 등을 포괄할 수 있도록) '신의칙에 의한 신임관계' 또는 '사실상의 신임관계'가 있는 자로 확장된다. 이로써 배임죄는 사무처리의 내부적 신뢰관계를 파괴하는 행위에서 그 신뢰관계를 외부로부터 파괴하는 행위로 변질된다. 이는 회사의 실질적 지배자에게 비윤리적 경영에 대한

23) 독일에서 이 개념을 사용하는 A. Dierlamm, "Untreue ein Auffangtatbestand?" *NStZ* 1997, 534쪽 아래 참조.

형사책임을 물어, 주주와 채권자를 보호하기 위함이다. 둘째, ② 임무위배행위라는 개념은 위임된 '권한의 초월이나 남용'으로부터 '비윤리적 경영'으로 판단되는 일체의 행위로 재해석된다. 또한 비윤리적 경영은 배임죄의 불법유형으로 언급되어 온 '신임의 파괴' 개념보다 더 그 외연을 확장하는 개념이다. 그러므로 차입매수에서 모종의 '모럴헤저드'를 캐낼 수 있다면, 임무위배행위가 인정되는 셈이다. 셋째, ③ 손해는 재산상 실손해에서 실해발생의 '위험'을 초래한 것으로 확장된다. 가용자금의 감소나 유동성의 장애까지도 손해가 된다. 넷째, ④ 고의는 행위자가 자신의 행위가 비윤리적 행위임을 인식할 의무의 위반으로 변질된다.[24)]

(2) **차입매수의 배임구조** 이러한 배임죄의 변형을 차입매수의 사안유형에 다소 일반화시켜 그 요건을 정해보면 다음과 같다.

	배임죄의 전통적 요건	배임죄의 변형된 요건
①	타인사무처리자(재산관리의무자)	실질적 경영자
②	임무위배행위	비윤리적 경영 (하이리스크의 경영결정)
③	실손해	손해의 위험초래
④	인식과 의욕	비윤리성의 인식(의무위반)

첫째, 타인사무처리자는 등기이사뿐만 아니라 실질적인 경영자를 가리키게 된다. 둘째, 임무위배행위는 비윤리적 경영으로 개념화되는데, 이는 실제로는 하이리스크(high risk)를 무릅쓰는 경영결정을 가리키게 된다. 셋째, 손해의 발생이라는 요건은 손해발생의 위험으로

24) 이에 대해 자세히는 이상돈, *윤리경영과 형법* (신영사, 2005), [1]단락 참조.

유연화된다. 그런데 차입매수와 같은 하이리스크의 경영결정에서 이런 위험은 자동으로 수반된다. 넷째, 배임의 인식과 의욕은 차입매수의 비윤리성(하이리스크)의 인식으로 변질된다. 바로 이런 점이 배임죄 사건 수가 다른 범죄 유형에 비해 높은 성장률을 보이고 있는 원인이 되기도 한다.

2. 차입매수의 배임성 분석

이제 포괄구성요건으로 리모델링된 배임죄에 차입매수가 해당되는 지에 대한 형법해석의 논리구조를 분석해보기로 한다.

(1) **차입매수자의 배임죄 주체성** 먼저 차입매수인이 타인의 사무를 처리하는 사람인지가 문제이다.

1) **사실상의 경영자** 피인수회사의 매수에 필요한 자금을 차입하기 위해 그 회사의 자산을 담보로 설정하는 행위시점에 매수인은 그 회사의 타인사무처리자가 아니다. 또한 매수 후 그 회사의 대표이사로 취임하여 매수계약을 이행하는 것은 그 자체로는 배임행위가 되기 어렵다.

㈎ **판례의 입장** 그러나 차입매수자를 배임죄로 처벌하려면 차입을 위한 담보설정 시점에 매수인은 이미 배임죄의 주체가 되기 위한 자격으로서 타인사무처리자가 되어 있어야 한다. 여기서 차입매수의 전 과정에서, 그러니까 차입의 시작 시점부터 매수자를 이미 피인수회사의 경영자라고 볼 수 있어야 한다. 사례 ⓐ에 대한 판례는 차입매수자가 '피인수회사의 우선협상대상자 및 대표자'라는 점을 근거로 피인수회사의 사무를 처리하는 자 내지는 사실상의 경영자

지위를 인정한 셈이다.[25] 그러나 이런 사실상 경영자 지위의 인정은 제3자에 의한 차입매수(LBO)를 경영진에 의한 차입매수(MBO: Management Buyout)로 간주해버리게 것이 된다.

(나) **적극적 재산관리의무자 여부** 그러나 차입매수자에게 사실상 경영자의 지위를 인정하는 것은 타당하지 않다. 배임죄의 타인사무처리자는 적극적 재산관리의무[26]가 있는 자이어야 하지만, 차입매수인은, 비록 나중에 그 회사의 대표로 취임할 개연성이 높기는 하지만, 그것만으로 이미 매수할 회사의 재산을 적극적으로 유지, 증식시킬 의무가 발생했다고 볼 수는 없기 때문이다. 양해각서(MOU)의 체결로 계약당사자는 신의성실의 원칙에 구속받기는 하지만, 아직은 서로에 대해 마치 신탁재산관리에서 위탁자와 수탁자와 같은 수준의 재산관리의무를 부담하는 것은 아니기 때문이다. 물론 이 경우에도 차입매수자가 비록 피인수회사의 자산을 담보로 제공하는 처분행위의 권한을 가진 것은 아니지만, 양해각서를 통해 회사자산을 처분할 '사실상의 지위'에 있을 수 있다는 점을 근거로 신탁재산관리자와 유사한 지위를 인정할 수 있다는 주장을 해볼 수도 있다.

(다) **배임죄 불법유형의 희석화** 이로써 형법상 업무상 배임죄의

25) 독일연방법원도 사실상의 기관(faktisches Organ) 개념으로 이와 유사한 입장을 보인다(BGHSt 3, 32; 6, 314; 21, 101; 31, 118 등 참조). 이에 관한 상세한 논의로 Bruns, "Grundprobleme der strafrechtlichen Organ- und Vertreterhaftung", *GA* (1982), 21쪽 아래 참조.

26) 적극적 재산관리의무의 개념은 '재산의 소유자에게 유익한 사무처리로 그의 재산을 관리할 의무'를 말한다(U. Kindhäuser/U. Neumann/H.U. Paeffgen 편, *Strafgesetzbuch Band 2*, Nomos, 2005, 4845쪽 참조). 이런 제한해석은 배임죄에서 타인사무처리의 개념이 너무 광범위하게 적용될 수 있어서 배임죄가 법치국가원리에서 볼 때 그 정당성이 의문시(이런 의문으로 P. Bringewat, "Scheckkartenmissbrauch und nullum crimen sine lege", *GA* (1973), 358쪽 아래; A. Dierlamm, "Untreue ein Auffangtatbestand?" *NStZ* (1997), 534쪽 아래 참조) 되기 때문에 요청된다.

주체는 상법상 이사(예: 등기 대표이사)와 같은 경영자, 나아가 업무집행지시자(예: 명예회장, 회장)와 같이 경영자로 포섭된 사실상의 경영자 그리고 아직 상법외적인 사실상의 경영자로 구성되는 셈이 된다. 이는 배임죄의 구성요건이 매우 확장됨을 의미한다. 이런 확장이 갖는 더 큰 문제점은 그런 확장에 의해 배임죄의 불법유형과 사기죄의 불법유형 사이의 차이가 소멸된다는 점이다. 배임죄는 업무관계의 내부자에 의한 재산침해를 불법유형의 핵심으로 삼는 반면, 사기죄는 업무관계의 외부자에 의한 재산침해를 불법유형의 핵심으로 삼기 때문이다. 차입매수자가 부당하게 타인의 재산을 침해하는 전형적인 행위는 차입매수한 이후 주가가 상승하면 곧 처분하여 이익을 실현하고 빠져나가는 고의를 처음부터 갖고 있는 경우이다. 그런 경우는 바로 미국의 사기양도죄에서 보듯 사기죄의 불법에 해당하지 배임죄의 불법에 해당하지 않는다.

2) 피인수회사 경영진의 공범자 다만 차입매수인은 피인수회사의 기존 경영진(법원선임관리인)과 공범이 될 수는 있다. 피인수회사의 기존 경영진이 차입매수에 동의하고, 담보를 설정해주는 행위가 배임죄에 해당할 경우라면 매수인은 비신분자이지만 — 형법 제33조에 의해 — 배임죄의 공범(공동정범)[27]이 되는 주체로 인정될 수는 있다. 물론 인수자가 피인수회사의 경영진이나 채권단의 경영진에게 사기를 행한 것이라면 인수자는 배임이 아니라 사기죄의 책임을 지게 된다. 이때에는 공범으로서의 책임이 아니라 단독정범으

27) 이 경우 공동정범에서의 분업적 불법실현의 원리는 신분요소에도 적용되므로, 비신분자인 차입매수인은 신분요소의 결여를 만회할 만큼 다른 실행에서 중요한 역할을 해야만 한다. 이에 반해 신분자인 피인수회사의 기존경영진은 신분범의 불가결한 불법요소인 신분을 갖고 있으므로 실행에서의 기여는 작아도 무방하다. 이에 대해서는 이상돈, "공범과 신분", *고시계* (2월호, 2005), 57쪽 참조.

로서의 책임을 지는 것이다. 차입매수의 배임범죄화는 기본적으로 피인수회사와 채권단의 경영진이 저지른 배임불법을 차용함으로써 가능한 것이다. 이때 차입매수인은 최대로 공동정범이 될 수는 있으나 방조범이 될 수도 있다. 여기서 차입매수인을 배임공범으로 처벌하려면 차입매수에 의한 기업구조조정을 기획한 세 주체들 가운데 누가 더 부도덕하며, 누가 그 구조조정과정을 주도적으로 지배했는지를 면밀하게 가려내야 함을 알 수 있다. 이 책임의 분배와 귀속은 어쨌든 차입매수인은 처벌하더라도 배임공범으로서만 처벌되는 것임을 전제한다.

(2) **손해 개념의 재구성** 차입매수가 배임이 되려면 그로 인해 피인수회사에 손해가 발생하였어야 한다.[28] 손해의 발생이 필요하다고 보는 침해범설과 손해발생의 위험으로 충분하다는 위험범설이 대립한다.

1) **재산침해로서 손해여부** 배임죄를 침해범으로 본다면, 성공적인 결과로 매듭지은 차입매수는 이미 침해범으로 해석되는 배임죄에는 해당할 수 없다. 하지만 배임죄를 침해범으로 보면서도 담보제공의 경우는 담보제공이 이루어진 때 이미 손해가 발생한 것으로 보는 견해[29]에 의하면 차입매수는 배임죄(기수)가 된다. 그러나 차입매수는 기업을 회생시키기 위한 인수·합병의 한 방법이므로 손해여부는 담보제공이 아니라 차입매수의 전체과정을 통해 경영의 정상화나 효율성 증대 등을 기준으로 판단되어야 한다.[30] 여기서 담보제

28) 판례(대판 83도2330)는 오래 전부터 손해를 입는 주체인 "본인"으로 주주가 아니라 회사로 본다. 따라서 차입매수자가 지배주주(사례 ⓐ에서 66% 주식보유) 이외의 주주들(34%)도 본인 개념을 구성하는 요소가 된다.

29) 이정원, *형법각론* (2000), 471쪽; 김일수·서보학, *형법각론* (박영사, 2004), 486쪽.

30) 이런 입장으로 조국, "기업범죄 통제에 있어서 형법의 역할과 한계", *형사법연구*

공은 경영학적으로는 부채비율의 증가라는 부담을 가져오지만 법인세법상의 혜택에 의해 그 부담을 상쇄되기도 한다는 점도 간과될 수 없다.[31]

2) 재산침해의 위험으로서 손해 그러나 만일 배임죄를 위험범으로 재구성한다면 성공한 차입매수도 배임에 해당할 가능성이 발생한다. 판례는 배임죄의 요건으로서 손해를 실손해가 아니라 그것을 끼칠 위험[32]으로 바라봄으로써 배임죄를 위험범으로 구성한다. 물론 이와 같은 손해 개념의 유연화는 비단 차입매수에서만 그러한 것은 아니다. 배임죄의 적용 전반에 걸친 현상이기는 하다.

(가) 손해의 추상적 위험 손해의 위험은 차입매수에서 당연히 전제될 수밖에 없다. 피인수회사가 설정한 담보를 이용해 인수자금을 차입한 다음 매수자가 차입채무를 변제하지 않고 처분할 위험은 논리적으로는 언제나 존재하는 것이며, 이는 피인수회사에게 손해를 끼칠 위험으로 개념화된다. 이렇게 개념화된 위험은 추상적 위험(abstrakte Gefährdung)임을 간과해서는 안된다. 또한 피인수회사의 자산을 담보로 프로젝트파이낸싱을 성공시킨 이후에도 그 회사의 채무를 갚을 만큼 회사의 신용도를 높이지 못하는 사태도 시장의 반응에 따라서는 언제든지 일어날 수 있다. 그것 또한 손해의 위험으로서 모든 차입매수에 수반된다. 그렇기 때문에 손해 개념을 추상적

(제19권 제3호, 2007), 172쪽; 이상현, "LBO에 대한 정당한 규제", *규제연구* (제18권 제1호, 2009), 127쪽

31) 담보제공으로 인한 대출금으로 피인수회사가 기존 채무의 소멸 등의 이익을 얻고 인수인이 개인적인 이득을 취하지 않은 경우에는 손해를 인정해서는 안된다고 보는 김홍식, "차입매수(Leveraged Buyout)의 법적 논점에 관한 고찰", *상사판례연구* (제20집 제2권, 2007), 254쪽.

32) "손해와 동등한 위험"으로 개념화한 안경옥, "배임죄에 있어서 실해발생의 위험", *비교형사법연구* (제2권 제1호, 2000), 217쪽 참조.

위험의 개념으로 유연화하는 것은 차입매수의 배임죄 해당성을 검토할 때 손해의 요건을 무의미하게 만든다.

(나) 경제적 이성 이처럼 손해의 요건을 무의미하게 만드는 또 다른 이론으로 '경제적 이성'의 개념을 들 수 있다. 즉, 손해 개념을 '경제적 이성'(wirtschaftliche Vernunft)[33]의 상실, "일정한 용도에 사용될 예정인 자금의 감소"[34]나 "유동성의 장애"[35]와 같은 경제적 행동의 합리성 상실로 재구성하는 방법이다. 이렇게 재구성된 손해 개념은 손해의 위험 발생으로 재구성된 손해개념과 마찬가지로 배임죄의 성립요건을 유연하게 만들고, 배임죄의 적용범위를 매우 넓게 확장시킨다.

그러나 흥미로운 점은 손해개념을 경제적 이성으로 재구성하여 차입매수에 적용한다면 오히려 손해요건이 충족되지 않는다는 점이다. 손해의 위험과는 달리 경제적 이성이라는 손해 개념은 법률적 재산개념이 아니라 경제적 재산개념을 전제한다. 여기서 '경제적'이라고 함은 차입매수가 회사정리절차에 들어간 기업을 인수합병하는 경영기법으로서의 합리성을 가리킨다고 보아야 한다. 그런 인수합병 기법으로서의 합리성은 사기양도에 해당하는 차입매수가 아닌 한, 그리고 차입매수의 전체적인 과정이 성실하게 진행되는 한 차입매수가 갖는 일반적인 속성이다. 그렇다면 차입매수는 경제적 이성의 상실이라는 손해개념에는 해당하지는 않게 된다. 여기서 차입매수가 배임죄에 해당한다고 보려면 경제적 이성 개념마저 비윤리성이나 모럴헤저드 개념으로 이미 충족된다고 의제해야만 한다. 이는 배임죄의 성립요건을 사실상 임무위배행위로 축약시키는 결과를 가져온다.

33) 대표적인 독일연방법원 판례로 BGHSt 16, 321; 19, 71 등을 참조.
34) 대판 2001.11.30, 99도4587.
35) 대판 2001.11.13, 2001도3531.

이런 손해개념의 변질과 배임죄 불법구조의 왜곡은 차입매수를 배임범죄로 만들 때 피할 수 없는 일이 된다.

3) 손해의 실질화 만일 차입매수인에게 타인사무처리자의 지위를 인정하는 것이 차입매수의 전과정을 실질적으로 고찰하여 매수자가 피인수회사의 사무처리자라는 관점에서 가능한 것이었다면, 손해여부도 그렇게 전체적이며 실질적으로 고찰해야 한다.

(가) 성공한 차입매수 특히 정리절차에 들어간 회사에게는 차입매수 이전에 이미 손해의 위험이 존재하는 것이며, 차입매수를 통해 기사회생의 가능성이 열린다면 그것은 오히려 이미 존재하는 위험을 제거하는 것이 된다. 물론 차입매수의 실패로 인해 피인수회사에게 손해가 발생할 수도 있다. 그러나 차입매수의 방법에 의해 피인수회사가 정상화되고, 이익을 얻게 되었다면, 차입매수에 수반되는 손해의 위험은 이익실현의 기회에 의해 상쇄된 것이 된다. 따라서 어쨌든 성공한 차입매수는 배임죄의 요건으로서 손해의 표지를 더 이상 충족할 수 없게 한다. 하급심 판례에는 이러한 비판적 입장을 같이 하는 판례도 있다.

> "불법한 동기를 실현하는 합병을 하였으므로 배임이 성립된다고 하기 위해서는 필히 그로 인한 손해가 증명되어야 할 것인데, 피인수회사가 인수회사에 합병된 결과, 얻게 되는 법제상, 경영상의 이익은 전혀 감안하지 않은 채, 이 사건 공소사실처럼 단순히 인수회사가 인출하여 사용한 피인수회사가 보유하였던 현금성 자산만이 손해라고 하는 것은 합당하다고 보기 어렵고, 합병과 인과관계가 있는 구체적 손해에 대한 주장은 물론 그에 대해 아무런 증거가 제출된 바가 없다."[36]

(나) 현금흐름할인법에 의한 손해의 구체적 위험 판단 더 나아가

---

36) 부산지방법원 2009. 2.10.선고, 2008고합482 판결.

피인수회사가 정상화되지 못해 차입매수에 수반하는, 또는 회사의 위기상황에서 이미 존재했던 손해의 위험이 현실화된 경우에도 그 손해가 차입매수자 또는 피인수회사의 경영진의 차입매수거래행위에 귀속될 수 있으려면 차입매수행위 당시에 이미 손해가 미래에 발생할 실제적인 개연성, 즉 구체적 위험이 존재했어야 한다. 구체적 위험은 추상적 위험처럼 추상적인 것이 아니라 실제적인 것이며, 구체적 사실에 입각한 개연성이어야 한다. 이런 구체적 위험의 존재여부를 판단하는 거점으로 현금흐름할인법(discount cash flow)을 들 수 있다. 즉, 일정기간 피인수기업이 창출할 수 있는 현금(유동성)의 총합을 연간할인율(이자율의 반대)을 적용하여 현재의 (기업)가치(PV)를 산출해낸 다음, 피인수회사의 자산을 담보로 대출받는 자금의 총액이 그 가치의 총액을 넘어서는지 여부를 분석하는 방법을 사용할 수 있다.

$$PV = \Sigma \frac{(FCF_i)}{(1+r^i)} \leq \text{대출총액}$$

PV: 현재가치
FCF_i I: 기간의 잉여현금흐름
r: 현금흐름의 불확실성 반영 할인율

예컨대 미래 3년간 기업이 창출할 수 있는 현금을 평균 100억(이하 단위 원)이라고 하면 원년 100억, 1년차 100억, 2년차 100억, 3년차 100억을 합한 총 400억에서 1년차 10%할인 90억, 2년차 100억 20% 할인하여 80억, 3년차 30% 할인하여 70억으로 총 340억이 현재가치(PV)가 된다. 이때 그 피인수회사의 자산을 담보로 차입매수자가 예컨대 340억 이하로 대출받는다면 피인수회사에게 손해가 발생할 구체적 위험이 없다고 판단하고, 340억을 초과하여 예컨대 500억원을 대출받는다면 구체적 위험이 존재한다고 판단한다. 물론 PV의 산출은 계계적 정확성이 있는 것이 아니라 일종의 평가이기 때문에 기업의 현재가치를 훨씬 상회하는 차입을 하는 경우에만 손해의 구체적 위험이 존재한다고 볼 여지도 있다.[37] 재산손해의 구체적인 위험이 발생했다고 볼 수 있다.

배임죄의 요건으로서 손해의 구체적 위험은 현재의 기업가치가 대출총액보다 단순히 적은 것으로는 불충분하고 상당히 적은 경우에 인정되어야 한다.

(3) **임무위배성의 구조분석** 다음으로 설령 차입매수인이 타인의 사무를 처리하는 자의 지위를 갖고 있고, 손해(의 구체적 위험) 발생을 인정하더라도 차입매수가 배임이 되려면 임무위배행위에 해당하여야 한다.

1) **차입매수의 윤리성 판단** 먼저 차입매수는 피인수회사의 자산을 담보로 그 회사를 인수한다는 점에서 '비윤리적인' 것일 수는 있다.

(가) **모럴헤저드로서 차입매수** 일상적인 윤리관념에서 보면, 인수할 회사의 자산을 이용하여 인수대금을 마련하는 것은 봉이 김선달 식의 비윤리적 행위라고 생각할 수 있기 때문이다. 대법원이 위 사건에서 매수인이 피인수회사의 자산을 담보로 차입을 하면서, 즉 차입한 채무를 임의로 갚지 않을 경우 담보설정자인 회사에 대해 손해가 끼칠 위험이 발생하는 상황에서, 담보제공부담에 상응하는 반대급부를 제공하지 않은 점을 문제로 본 것은 비록 임무위배행위로 명시적으로 개념화하지는 않았지만 임무위배행위로 본 것이라 할

37) 이런 경우에만 피인수회사의 채권자는 회사의 담보제공행위에 대해 채권자취소를 할 수 있고 보는 견해(지유미, *M&A에 대한 형법정책의 방향* (고려대 박사학위, 2009), 93쪽).

수 있다. 이를 바꿔 말하면 모럴헤저드가 인정되는 회사인수(합병)는 임무위배행위가 된다는 논리가 된다.

(나) **경제적 재산의 반대급부** 물론 차입매수가 과연 모럴헤저드에 빠진 기업인수라고 말할 수 있는지도 의문이다. 왜냐하면 차입매수도 피인수회사의 담보설정에 대한 법률적 재산의 의미가 아니라 경제적인 재산의 의미에서는 모종의 반대급부가 있기 때문이다. 즉, 차입매수자가 자신의 정치적 사회적 네트워크를 이용하여, 즉 네트워킹(networking)의 능력을 활용하여, 프로젝트파이낸싱(P/F)을 성공시키고, 차입자금으로 피인수회사의 신주를 인수한 다음 그 회사의 채무를 변제할 자본을 조달하고, 기업의 신용도를 높이고 정상화하는 리엔지니어링(reengineering)을 제공하는 것이다. 이는 피인수회사의 담보제공에 대한 경제적 재산의 의미에서 반대급부라고 볼 수 있다.[38)]

하지만 이처럼 시장에서 인적 물적 자산을 동원할 수 있는 역량을 기업인수의 자산으로 보는 것은 지나치게 자본주의적이며, 이를 여전히 모럴헤저드의 하나로 보는 것을 완전히 막을 윤리적 논거는 없다. 그러나 루만처럼 경제체계를 자기완결적 체계로 바라보고,[39)] 그리고 재산 개념을 시장경제에서 교환기능의 수행에 특수화된 개념으로 설정하면, 개인의 전문적 능력과 네트워킹의 역량도 재산이 된다.

38) 이는 경제적 재산 개념의 핵심인 시장에서의 교환가치, 즉 교환가능성(Tauschbarkeit)이 인간에게도 적용됨을 전제한다. 인간도 교환객체(Tauschobjekte)의 하나가 된다. 이런 경제적 재산 개념의 이해에 관해 U. Nelles, *Untreue zum Nachteil von Gesellschaften: Zugleich ein Betrag zur Struktur des Vermögensbegriffs als Beziehungsbegriff* (1991), 382~385쪽 참조.

39) 이런 관점으로 N. Luhmann, *Die Wirtschaft der Gesellschaft*, 2.Auflage (1989), 13쪽 아래 참조.

2) 배임죄의 불법구조에 못 미치는 차입매수의 비윤리성 그러나 이처럼 차입매수가 기업인수의 모럴헤저드라고 보더라도, 그런 모럴헤저드를 곧바로 법적인 배임행위(임무위배행위)로 보는 것은 배임죄의 불법을 지나치게 확장한다. 왜냐하면 배임죄의 불법에서 핵심은, 그러니까 범죄론의 이론적 용어로 말하면 배임죄의 행위반가치의 핵심은 사무처리관계에서 주어진 권한을 초월하거나 남용하는 것 또는 신임관계의 파괴에 있기 때문이다. 사례 ⓐ에서 차입매수자는 차입매수의 전체과정, 즉 < ① 우선협상대상자 → ② MOU체결 → ③ 실질적 담보설정 → ④ 신주발행 및 대표취임 → ⑤ 물권적 담보설정 등(계약이행) → ⑥ 경영정상화>라는 과정에서 차입매수인이 누리는 권한을 초월하거나 남용한 바도 없다. 또한 차입매수의 기획을 착실히 실현한 이상 차입매수인이 신임을 파괴했다고 말할 수도 없다.

(가) 선관주의의 이행과 경영판단원칙 신임을 파괴했다고 볼 수 있으려면 첫째, 차입매수의 전과정에서 선관주의(상법 제382조 제2항, 민법 제681조)를 위반하였어야 한다. 그러나 회사정리절차에 들어간 기업의 차입매수는 대개 인수자, 피인수회사의 경영진 그리고 채권단(은행)의 경영진이 함께 기획한 기업구조조정이다. 만일 피인수회사의 경영진과 채권단의 경영진이 나름의 경영판단으로 — 이를테면 투자은행의 공정성의견서나 전문가 조언을 충분히 검토하는 방식으로[40] — 차입매수자를 우선협상대상자 등으로 지정하는 등의 과정을 밟아나갔다면 선관주의의무를 다한 것이라 할 수 있다. 차입매수자는 그들과 함께 기업회생의 프로젝트에 참여한 것이고, 따라서

40) 김홍식, "차입매수(Leveraged Buyout)의 법적 논점에 관한 고찰", *상사판례연구* (제20집 제2권, 2007), 259쪽.

그를 설령 피인수회사의 사실상 경영진으로 간주하더라도 그도 피인수회사의 법적 경영진과 마찬가지로 선관주의의무를 져버린 것은 아니다.

(나) **충실의무의 위반** 둘째, 피인수회사의 경영진이 충실의무(상법 제382조의3)에 위반하였다면 배임죄가 성립할 수 있고, 사실상의 경영진으로서 차입매수자도 그들과 함께 차입매수에 의한 기업회생프로젝트를 추진한 것이므로 배임죄가 성립할 수 있다. 여기서는 회사자산의 담보제공이 경영진의 회사자산관리의무[41]를 위반함으로써 충실의무에 위반할 가능성이 있다.[42] 그러나 피인수회사의 경영진이 충실의무를 위반하였는지는 단지 차입매수자에게 회사자산을 담보로 제공하는 데에 상응하는 반대급부를 확보하지 않았다는 점에 의해 판단되는 것은 아니다. 만일 차입매수자와의 윈-윈의사, 즉 차입매수자와 MOU를 체결하여 기업회생계획을 수립하고 실행하는 전 과정에서 기업의 회생을 통해 회사의 자산상태를 오히려 더 건전화할 수 있다면, 충실의무의 위반을 인정할 수 없다. 다만 배임죄를 구체적 위험범으로 재구성하는 경우라면 차입매수에 의한 기업의 회생이 실패하고, 회사에게 손해가 발생한 경우에 차입매수 당시 회사자산을 담보로 융통한 자금의 규모가 현금흐름할인법에 의해 산출한 당시의 기업가치의 총액보다 훨씬 큰 것임을 알고도 회사자산을 담보로 제공하는 행위는 충실의무에 위반한 행위로서 배임죄의 임무

41) 이처럼 회사자산관리의무를 충실의무로 보는 지유미, *M&A에 대한 형법정책의 방향* (고려대 박사학위, 2009), 96쪽.

42) 충실의무가 선관주의의무를 구체화한 것인지 아니면 그 보다 가중된 수준의 의무, 특히 단체법으로서의 회사법상 이익충돌시 회사이익을 우선할 의무와 같은 것인지에 관한 상법학계의 논란은 중요하지 않다. 하지만 배임여부를 판단하는 요소로서 선관주의의무는 차입매수에 의한 기업회생의 프로그램에 대한 결정 전반에 관계되는 주의의무로 보고, 충실의무는 차입매수로 인한 회사자산의 감소위험에 대한 관리의무로 특수화시켜 볼 수 있다.

위배행위에 해당할 수 있다. 차입금 총액이 기업가치의 총액보다 '훨씬' 상회하지 않는 경우에는 — 채권자취소권의 행사를 허용할 수는 있을지언정 — 임무위배행위로 보기는 어렵다. 이는 의심스러울 때에는 시민자유의 이익으로(in dubio pro libertate) — 원칙을 적용한 결과이다.[43)]

(다) **자기거래금지** 차입매수의 채무자(인수회사)는 제3자이지만 그 제3자의 대표가 피인수회사의 대표이사가 되기로 하는 경우에는 그 회사가 제3자인 채무자(차입매수자)를 위해 채무보증계약을 체결하거나, 인수회사의 대표가 피인수회사의 대표이사가 되어 자신이 소유한 인수회사의 차입채무에 대해 그 채권자와 담보설정계약을 하는 것도 실질적으로 이사의 (간접적) 자기거래가 된다는 다소 무리한 확장해석이 가능할 수 있다. 즉, 실제 피인수회사의 법적 이사가 아닌데도 이사로 보면 제3자에 의한 차입매수(LBO)는 경영진에 의한 차입매수(MBO)가 되고, 이 경우에는 언제나 자기거래금지의 위반이 문제로 등장한다. 그러면 피인수회사의 담보설정에는 이사회의 승인이 요구된다.

만일 이 이사회의 승인이 없었거나 그것을 결정하는 이사회를 개최하지 않았다면 담보설정은 위법한 것이 된다. 여기서 자기거래의 승인여부를 정하는 이사회를 개최하지 않은 부작위[44)]가 배임행위가 되는지에 문제의 중심에 놓인다. 먼저 이사회를 개최하여 승인여부를 결정해야 하는 보증인의무는 상법 제398조에 의해 인정된다.

---

43) 비슷하게 "담보제공된 자산이 상실될 구체적인 위험이 합리적으로 의심할 만한 여지없이 십중팔구의 확률로 인정되어야 한다"고 보는 진현섭, "LBO와 이사의 배임죄 성립 여부", *인천법조* (제8집, 2007), 49쪽.

44) 사례 ⓐ에서는 피인수회사 보유 현금을 정기예금으로 예치하고 근저당권을 설정할 때는 이사회 승인을 받았지만, 회사소유 부동산을 담보로 제공한 때는 이사회 승인 없이 이루어진 바 있다.

그러나 그 의무의 불이행이 곧바로 회사의 자산을 처분하는 형법상 배임행위가 되는 것이 아니다. 두 가지 제한이 가능하다.

ㄱ) 규범의 보호목적에 의한 제한　　첫째, 상법 제398의 보호목적에 따른 제한이다. 제398조는 피인수회사와 차입매수자(사실상 경영자) 사이에 이해충돌이 있고, 그 자기거래가 차입매수자에게만 이익이 되고 피인수회사에게는 손해가 돌아가는 경우를 금지하는 것이다.[45] 만약 그와 같은 이해충돌의 경우가 아니라면, 차입매수는 제398조의 보호목적 밖에 놓이므로 — 사법적 효과의 판단이 아니라 적어도 형법상 배임죄의 판단에서는 — 금지된 자기거래에 해당하지 않게 된다. 따라서 이사회를 개최하지 않은 부작위도 배임행위가 되지 않는다.

ㄴ) 추정적 승낙　　둘째, 이사회의 승인을 받지 않았지만, 차입매수자가 "법정관리 중에 있는 회사의 우선협상대상자로 선정되었다면 회사 회생이라는 목적(큰 이익) 달성을 위해 인수자금조달의 구체적 방법(작은 이익)에 관해서는 거래 관행의 범위 내에서 법정절차를 따르는 한 피인수회사는 추정적 승낙한 것으로 분석될 수 있"[46]다. 추정적 승낙의 법리에 따르면 차입매수자는 역시 이사회의 승인을 받지 않은 거래를 한 것이 아니다.

ㄷ) 충실의무위반의 수단성　　셋째, 설령 차입매수에 대해 자기거래금지의 위반을 인정할 수 있는 경우라도, 그 위반행위는 차입매수의 전체적 과정을 구성하는 중심요소인 신의성실의무와 충실의무에 위반하는 행위의 한 과정으로 자리매김될 수 있을 때 비로소

45) 같은 입장으로 송종준, "PEF와 M&A: LBO의 구조와 법적 문제", *금융법연구* (제2권 제1호, 2005), 74쪽; 김홍식, "차입매수(Leveraged Buyout)의 법적 논점에 관한 고찰", *상사판례연구* (제20집 제2권, 2007), 249쪽.

46) 이상현, "LBO에 대한 정당한 규제", *규제연구* (제18권 제1호, 2009), 123쪽.

배임행위가 된다고 볼 수 있다. 바꿔 말해 차입매수자가 (피인수회사의 경영진과 함께) 신의성실의무와 충실의무를 위반하지 않았다면 자기거래금지의 위반만으로 배임행위가 될 수 없다.

(라) **허용된 경영리스크로서 차입매수** 요약하면, 차입매수가 성공적으로 진행되어 회사가 정상화되면, 회사의 재산도 늘어나고, 채권자들도 자신들의 채권을 추심할 가능성을 합리적 판단으로 인정할 수 있는 한, 차입매수는 배임행위가 될 수 없다. 이 점은 독일의 허용리스크이론에 의해서도 근거 지을 수 있다. 이 이론에 의하면 경영영역에서 승인되는 리스크의 정도를 넘어섰을 때에만 재산관리의무의 위반을 인정하게 된다. 그런 리스크의 정도는 '사업의 대상과 회사의 경제적 상황, 손실의 개연성과 손실위험의 통제 가능성, 손해발생의 개연성과 이익획득의 개연성 사이의 관계를 고려하여 판단해야'[47] 한다. 차입매수가 적어도 회사정리절차에 들어가 있는 기업에 대한 구조조정의 일환으로 이루어지는 한 그것은 '허용된 경영리스크'[48]의 범위 안에 있는 것으로 볼 수 있다.

그러므로 인수합병에서 모럴헤저드의 요소가 있다고 하여 바로 배임을 인정하는 것은 형법과 윤리 사이의 간극을 메워버리고, 비례성원칙과 보충성원칙으로 정형화되어야 할 형사불법을 지나치게 유연하게 만든다. 좀 비유적으로 말한다면 전통적으로 하드 로(hard law)의 전형인 형법이 엄격한 법적 (자기)구속력이 없는 국제협약과 같은 소프트 로(soft law)가 되어 버린다.

---

47) Tiedemann, *Kommentar zum GmbH-Strafrecht*, 1995, Vor §§82ff. 방주 19.

48) 대표적으로 H. Otto, *Aktienstrafrecht*, 1997, Vor §399 방주 39; K. Tiedemann, *Kommentar zum GmbH-Strafrecht*, 3.Auflage, 1995, Vor §§82 아래 방주 19; Th. Hillenkamp, "Risikogeschäft und Untreue", *NStZ* 1981, 166쪽 아래.

(4) 차입매수의 배임고의성 판단 판례처럼 배임죄의 불법을 사실상의 경영인, 비윤리적 방식의 기업인수, 손해의 추상적 위험으로 변형시켜 구성한다면 차입매수인에게 배임고의를 인정하는 것도 손쉬워진다.

1) 판례의 배임고의 귀속 일반적으로 배임고의는 차입매수의 과정에 대한 인식과 의사만으로 인정된다. 그러나 배임죄가 성립하려면 고의의 한 내용으로 요구하든, 고의와 별개의 주관적 구성요건요소로 요구하든 불법이득의사(Bereicherungsabsicht)가 있어야 한다.

㈎ 주된 가해의사의 논리 대법원은 '차입매수인에게 피인수회사의 이익을 위한다는 의사가 있다 하더라도 차입매수인이 피인수회사의 자산을 금융기관들에 대해 담보로 제공한 것은 실질적으로 차입매수인 자신 또는 차입매수를 위해 설립한 서류상의 회사가 피인수회사의 주주로서의 지위 또는 경영권을 취득하려는 개인적 이익을 위하여 한 행위이므로, 자신의 이득 또는 가해의 의사가 주된 것이라고 볼 수 있어 배임의 고의를 인정해야 한다'(대판 2004도7027)고 본다. 여기서 차입매수자가 자신의 이득을 위해 차입매수를 한다는 것은 당연한 일이고, 그 이득의 불법성은 피인수회사의 자산을 담보로 한 차입자금을 사용한다는 점에 있다는 점을 고려한다면, 차입매수라는 기업인수방식을 취하는 한 거의 자동적으로 배임고의(불법이득의사)를 인정하게 됨을 알 수 있다.

㈏ 자동적으로 인정되는 배임고의 그러나 이런 고의의 귀속은 타당하지 않다. 앞에서 검토한 바와 같이 차입매수가 배임죄의 객관적 구성요건요소를 제대로 충족하지 못하는 상황에서 차입매수에 의

한 이득을 두고 '비윤리적'이라고 할 수는 있을지언정, 불법이라고 단정할 수는 없기 때문이다. 그러므로 차입매수자가 프로젝트파이낸싱을 하는 과정에서 피인수회사의 자산을 담보로 하면서 '법률적 재산의 의미에서 반대급부'를 제공하지 않았다고 하여 차입매수를 불법화하는 해석정책 속에는 이미 차입매수인에게 자동적으로 배임고의(불법이득의사)를 귀속시키는 것이 프로그래밍되어 있다고 말할 수 있다.

2) 차입매수의사와 불법이득의사의 차이 그러나 차입매수자의 의사는 사기양도와 같은 경우에만 분명하게 불법이득의사라고 볼 수 있다. 즉, 차입매수 후, 그로 인해 시장이 긍정적으로 반응, 즉 주가가 상승하자 경영정상화의 노력을 하지 않고 주식을 매도하여 시세차익만 얻고 나간 경우에는 배임고의, 불법이득의사를 인정할 수 있다.

(가) 윈-윈의 의사 정상적으로 이루어지는 차입매수의 과정에서 차입매수인은 피인수회사를 위하는 의사와 분리된 채로 존재하는 불법이득의사를 가지지 않는다. 왜냐하면 피인수회사의 담보제공은 차입매수에 의한 기업인수와 구조조정의 단지 한 단계이고, 가급적 유리한 조건의 프로젝트파이낸싱과 회사인수 후의 성공적인 구조조정과 손익구조의 개선 그리고 시장의 긍정적 반응이 이어지지 않는다면, 차입매수인도 개인적으로 이익을 얻을 수 없기 때문이다. 그러므로 차입매수자의 의사는 자신에게는 경영권인수와 투자차익의 실현 그리고 피인수회사에게는 구조조정과 경영정상화 등을 동시적으로 성공시키려는 의사, 다시 말해 자신과 피인수회사 모두에게 이익이 되려는 의사[49]를 갖고 있다고 보아야 한다. 차입매수자의 이익

과 피인수회사의 손해는 제로섬게임 속에 들어가 있지 않다. 그러므로 이런 차입매수의 의사는 자신은 이익을 얻고 피인수회사는 손해를 보는 방식의 불법이득의사(Bereicherungsabsicht)가 아니고, 이른바 '윈-윈'의 의사일 뿐이다.

(나) **불법이득의사의 왜곡** 이는 자신이 대표로 있는 회사의 주식을 캐피탈회사가 매수하여 일정기간 보유('주식파킹')하여 주가를 유지시키고 그 대가로 파킹료를 준 회사대표의 사례와 같다.[50] 주식파킹계약을 통해 대표뿐만 아니라 배임죄에서의 본인인 회사도 이익을 얻고 파킹해준 캐피탈회사도 이익을 얻는 윈-윈의 의사가 있을 뿐이다. 이와 같은 윈-윈의 의사를 두고 불법이득의사라고 보는 것은 피고인의 내적 성향을 자의적으로 왜곡하는 것이다. 이런 왜곡 속에서 이루어지는 고의의 귀속은 책임원칙에 심각하게 위배된다.[51]

Ⅳ. 차입매수의 법정책적 지평

이상에서 고찰한 내용을 전체적으로 보면 차입매수를 배임범죄로 만드는 해석은 판례가 말하는 반대급부의 제공이 없다는 점, 그러니까 기업을 인수하려는 자에게 매입자본이 없다는 점에서, 차입매수 방식의 기업인수를 모럴헤저드로 바라보고, 이를 단죄하려는

49) 같은 취지의 서울고등법원 2004.10.6 선고, 2003노3322 참조.

50) 이 사안에 대해 배임죄를 인정한 대판 2002.7.22, 2002도1696.

51) 결론적으로는 같은 입장으로 'LBO 과정에서 반대급부가 제공되었다면 당연히 배임이 성립하지 않겠지만, 반대급부가 제공되지 않은 경우 자동적으로 배임의 고의가 인정된다고 단정할 수는 없다'고 본 조국, "기업범죄 통제에 있어서 형법의 역할과 한계—업무상 배임죄 배제론에 대한 응답", *형사법학연구* (제19권 제3호, 2007), 174쪽.

정책적 기획에서 이루어진 것임을 알 수 있다. 이를 위해 배임죄의 불법구조는 더욱 유연화되고, 책임원칙은 심각하게 침해된다.

1. 법체계의 구조적 문제

차입매수를 배임범죄화하는 형법은 법(체계)내부에 몇 가지 문제들을 가져온다.

(1) **상법과 형법의 잘못된 관계설정** 첫째, 차입매수인이 배임범죄자가 되지 않으려면 피인수회사의 주주총회에서 차입매수에 대한 특별결의를 받아야 한다. 결국 상법(제438조의 "자본감소")의 실질이 형법해석에 의해 일방적으로 형성되는 문제가 발생하는 것이다. 그러나 형법과 상법은 수평적 상호관계에 있지 수직적 위계질서에 놓이지 않는다. 즉, 주주총회의 특별결의가 없다고 하여 차입매수가 배임죄에 해당한다고 보아서는 안 된다.

(2) **PFV와 LBO에 대한 법적 규율의 부정합성** 둘째, 법체계의 부정합도 발생한다. 예를 들어 같은 페이퍼컴퍼니라도 부동산개발사업 등의 프로젝트에 대한 출자자들의 보증 아래 은행으로부터 사업자금을 대출받아 사업을 수행하는 경우는, 이른바 프로젝트금융투자회사(Project Financing Vehicle, 약어 PFV)라는 이름 아래 각종 세법[52]에 의해 합법화되고, 심지어 세제혜택을 받는다. 이 프로젝트금융투자회사는 지분출자가 있는 차입매수의 경우[53]와 구조적으로 같다. 또한 은행차입이 프로젝트의 성공적 수행에 대한 전망 이외에

52) 법인세법 제51조의2 제6호, 조세특례법 제120조 제4항, 제199조 제6항 등 참조.
53) 대개 특수목적회사를 설립하여 전체 차입금액의 약 10%~20% 정도를 자본금으로 충당시키는 차입매수가 일반적이다.

는 반대급부가 없이 출자자들의 담보제공으로 이루어진다는 점에서도 차입매수와 차이가 없다. 그런데도 한쪽은 세제혜택을 입고, 다른 쪽은 범죄로 낙인찍히는 것은 법체계의 정합성을 상당히 깨뜨린다. 여기서 차입매수가 프로젝트금융투자회사처럼 세제상의 혜택을 받지는 못할지언정 배임범죄로 낙인찍히는 것은 그 행위들의 유사성을 고려할 때 심각하게 불비례적인 것이라 볼 수밖에 없다. 결국 차입매수를 배임범죄로 보는 형법해석은 헌법상 과잉금지원칙에도 위배되는 위헌적 해석의 혐의를 떨쳐버릴 수 없다.

2. 일반예방기획의 오류

이처럼 차입매수의 배임범죄화는 과잉의 형법을 가져온다. 그러나 이런 형법의 과잉에도 이성적인 요소가 없는 것은 아니다. 그것은 아마도 차입매수가 남용될 경우에 채권자와 차입매수인 사이의 권리불균형은 일시적인 것이 아니라 궁극적인 것이 될 수도 있다는 점 때문이다. 여기서 궁극적인 불균형이란 차입매수인이 합법화된 차입매수의 방편에 의해 채권자들은 채권을 추심하지 못하는 상황에서 회사의 재산을 빼먹는 경우를 가리킨다. 예컨대 차입매수로 회사를 인수한 후, 시장의 긍정적 반응으로 주가가 상승하자 바로 매각하여 차익을 실현하는 경우를 들 수 있다. 미국의 「사기양도금지법」(Fraudulent Conveyance Statute)[54]은 바로 이런 차입매수의 남용을

54) 미국의 사기양도금지법(Fraudulent Conveyance Law)은 채무자의 이용가능한 자산을 현금화하여 자신의 권리에 대해 만족을 얻을 채권자의 권리가 침해되는 것을 막는 데에 그 주된 기능이 있다. 부당한 취급을 받은 채권자들은 부적절한 양도를 무효화하기 위해 주법에 의하여 소를 제기할 수 있고, 승소할 경우에는 자신의 권리범위 내에서 양도된 재산에 대해 선취특권(lien)을 얻을 수 있다. 사기양도금지법에 관한 상세한 내용은 Raymond J. Blackwood, “Applying

차단하기 위한 법제이다.[55] 물론 차입매수의 배임범죄화는 사기양도금지법과 같은 법제가 없는 가운데 차입매수의 오남용을 예방하기 위한 고육지책일 수 있다.

(1) 사기죄의 불법영역으로 잘못 침범해 들어간 배임죄 그러나 이런 일반예방적 처벌의 기획은 사기양도금지법과 같은 특별법에 의해 실행되어야지 형법전의 배임죄에 의해 실행되어서는 안 된다. 왜냐하면 배임죄의 규범프로그램은 회사 내부자가 신임을 파괴하고 회사의 재산을 침해(위태화)하는 행위를 통제하는 것이지, 회사 외부자에 의한 기망적인 재산침해를 통제하는 것이 아니기 때문이다. 차입매수의 남용은 대개 사전에 계획되고 고의적인 것이어서 차입매수를 기망의 수단으로 삼는 사기행위에 해당할 수 있다. 따라서 남용도 하지 않은 차입매수를 배임죄로 처벌하는 것은 차입매수의 남용을 예방하는 것과는 직접적으로 무관하게 된다.

(2) 인수 · 합병시장의 위축 그렇기 때문에 차입매수의 남용에 대한 일반예방적 기획은 처음부터 부작용을 일으킬 가능성이 높다. 실제로 차입매수를 배임죄로 처벌한 판례가 나온 이후, 기업의 인수 · 합병 방법으로서 차입매수를 사용하는 경우가, 차입매수자가 일정부분 자산을 출자하는 경우까지 포함하여 현저히 감소되었다고

Fraudulent Conveyance Law to Leveraged Buyouts", *Duke Law Journal* (Vol. 42, No. 2, 1992), 340~381쪽; Kevin J. Liss, "Fraudulent Conveyance Law and Leveraged Buyouts", *Columbia Law Review* (Vol. 87, No. 7, 1987), 1491~1514쪽 참조.

55) 미국에서도 LBO에 대해 「사기양도금지법」(Fraudulent Conveyance Law)이 적용되는지에 관해서는 견해의 대립이 있다. 그러나 대부분의 법원들은 이를 긍정한다. 대표적으로 United States v. Tabor Court Reality Corp., 803 F.2d 1288, 1297 (3d Cir. 1986), cert. denied, 107 S. Ct. 3229(1987); In re Ohio Corrugating Co., 70 Bankr. (Bankr. W. D. Mich. 1985).

한다. 하지만 차입매수를 인수·합병의 방법으로 사용하지 않는다고 해서 차입매수가 유능한 인수·합병 전문가들의 의식 속에서 범죄 행위로 내면화되는 것은 아니다. 그들은 경영학적으로 합리적인 기업인수의 방법이라고 생각하는데, 법이 비윤리적인 범죄수법이라는 인식을 강요하는 것일 뿐이다. 이런 강요는 규범내면화를 가져오는 것이 아니라, 단지 기업의 인수·합병 시장을 위축시키고, 도산 위기에 직면한 기업을 소생시킬 중요한 수단의 하나를 잃어버리게 만들 뿐이다.

3. 인수합병시장의 고사위험

차입매수의 배임범죄화는 더 나아가 기업의 인수·합병 시장을 아예 고사시킬 위험성으로 발전할 조짐마저 보인다. 다음의 사례 ⓑ는 그런 위험을 보여준다.

> **사례 ⓑ:** 회사 D(주)의 회장 甲은 법정관리상태에 있던 회사 H(주)가 부동산 매각대금과 같은 현금성 자산을 1,800억 이상이나 갖게 될 것임을 미리 알고, 현금회사 H(주)를 인수하기 위해 계열사와 함께 출자하여 특수목적회사 D산업(주)(SPC)을 설립하였고, 그의 지배하에 있는 乙을 대표에 선임하게 하였다. D산업(주)은 금융기관으로부터 인수자금을 대출받아 H(주)의 주식을 유상증자에 참여하는 방법으로 H(주)의 경영권 및 대주주 지위를 취득하였다. 그 다음 D(주)는 D산업(주)을 흡수합병하고, 다시 H(주)를 순차로 흡수합병하였다. 이후 D(주)는 이미 알고 있었던 H(주)의 현금성자산, 즉 부동산 매각대금 중 일부인 현금 1,800억 원을 인수대금의 채무를 변제하는데 사용하였다. 이 사안은 "피인수회사의 자산을 담보로 기업을 인수하는 LBO(Leveraged Buyout) 방식과 그 기본적인 전제가 다르고 합병의 실질

이나 절차에 하자가 없어 위 합병으로 H(주)가 손해를 입었다고 볼 수 없다”[56]는 이유로, 甲회사의 이사 등에 대한 배임죄의 성립을 인정할 수 없다.

(1) 차입후매수와 매수후차입상환 사례 ⓑ에서 甲의 기업인수행위가 LBO의 경우와 기본적인 전제가 다르다고 보았지만, 검사는 같다고 보았다. 검사의 유죄의견을 항소이유를 통해 분석해보면 다음 세 가지 논리적 추론의 구조를 갖고 있다. 첫째, ① D(주)의 H(주) 인수는 피인수회사가 보유하고 있는 자산을 담보로 인수대금을 대출받아 피인수회사를 인수하는 이른바 위법한 LBO(Leveraged Buyout)의 방식에 의한 기업인수와 그 실질 및 경제적인 효과가 같다는 논리이다. 둘째, ② 사례 ⓑ의 사안과 LBO는 합병과 피인수기업의 자산처분 사이의 시간적 선후관계에서만 차이가 있다. 즉, 이 사안은 인수와 합병을 하고 그 피인수기업의 자산을 처분하여 인수대금을 마련한 것인 반면, LBO는 먼저 피인수기업의 자산을 처분하여 자금을 마련한 후 그 기업을 인수하는 것이다. 즉, LBO 사례가 차입매수, 즉 차입 후 매수라면 사례 ⓑ는 매수 후 차입(상환)인 것이다. 셋째, ③ 그런데도 이 사안의 기업인수를 배임으로 인정하는 것은 그런 시간적 선후관계의 차이는 중요하지 않고, 그 실질의 동일성만 중요하다는 것이다. 이는 시간적 선후관계의 차이는 일종의 실질의 동일성을 깨뜨리지 못하는 형식의 차이일 뿐이라는 논리이다.

(2) 자본시장을 지배하는 일상도덕의 위험 이런 논리는 형식과 실질에 관한 일상적 중요성평가와 같다. 실질이 중요하고 형식은 중요하지 않다는 것이다. 그러나 적법절차 속에서 사법의 정의라는

56) 부산고등법원 2009.6.25.선고, 2009노184판결; 대법원도 최근 같은 사건에 대한 상고심에서 원심법원의 입장을 유지한 바 있다(대판 2010.4.15. 2009도6634).

실질이 비로소 실현되는 바와 같이 법적 평가에서 형식과 실질의 중요성 평가는 완전한 뒤집어질 수도 있다. 더 나아가 이런 논리의 더 중요한 문제점은 실질의 내용이다. LBO와 이 사례가 같다고 보는 실질의 내용은 '자신의 자산으로 남의 회사를 산 것이 아니다'는 점에서 일상적인 윤리적 관념[57]에 위배된다는 점이다.

(3) **시장의 도덕과 일상도덕의 차이** 그러나 자본시장은 그런 일상도덕에 의해 그 시장에서 일어나는 행위의 합리성을 재단할 수 없는 다양한 특성들을 갖고 있다. LBO도 경제적 의미에서는 반대급부가 있는 것이지만, 사례 ⓑ처럼 D(주)의 그룹이 인수 전에 먼저 인수자금을 독자적인 계산으로 차입해올 수 있는 것은 D(주)와 그 계열사의 자금동원능력이나 기업회생능력에 대해 시장이 긍정적으로 평가하기 때문에 가능하다. 물론 그 평가가 잘못될 것일 수는 있지만, 그것은 그 평가를 행하는 시장의 또 다른 주체들이 짊어져야 할 책임일 뿐이다. 인수자금의 독자적인 차입 이후에 예상치 못한 사정으로 인수를 못할 수도 있고, 인수하였더라도 피인수회사의 부외부채나 시장환경의 급변으로 인수회사가 오히려 쓰러질 위험도 있다. 이런 다양한 위험을 떠안은 채 기업의 성장을 위해 인수하는 것이다. 기업의 인수·합병은 R&D를 통한 새로운 시장의 개척과 진입과 어깨를 나란히 하는 기업의 성장전략이다. 그런 성장이 없이 기업은 존속하기 어렵다.[58] 이처럼 존속을 위한 성장의 전략으로 펼

57) 이 점을 언론도 법원과 검찰은 "돈 한 푼 안 쓰는 LBO는 업무상 배임죄"라고 개념화하기도 한다(한국경제신문, 2008.7.23.자(이해성 기자)).

58) 기업의 성장은 기업의 존속을 위한 조건이 된다. 성장하지 않고 정체하는 기업은 결국 존속하지 못한다. 기업의 성장, 그러니까 기업의 생존은 크게 두 가지 방법에 의존한다. 하나는 새로운 기술개발로 새로운 시장을 개척하여 수익창출을 증대시키는 것이고, 다른 하나는 다른 기업을 인수·합병하는 것이다. 그러므로 기업은 R&D를 통한 새로운 시장의 진입과 함께 부단히 인수·합병을 도

쳐지는 기업의 인수·합병에서 모든 기업은 당연히 피인수회사의 실질적인 기업가치를 꼼꼼히 따져보고, 최대한 유리한 조건의 기업을 대상으로 선택한다. 이는 자본시장에서 합리적 행동의 전형을 이루며, 어떤 의미에서는 시장 위의 '도덕'이라고도 할 수 있다.

이러한 시장의 도덕을 밀어내는 일상도덕의 지배는 시장 자체를 고갈시키는 위험을 가져온다. 즉, 2004년 LBO의 배임범죄화는 LBO라는 기업인수와 기업회생프로젝트의 유용한 추진방법 가운데 하나를 잃어버리게 만들었지만, 만일 사례 ⓑ의 기업인수와 피인수기업의 자산처분을 배임행위로 본다면 기업인수·합병을 추진시키는 거의 모든 방법을 잃어버리게 될 것이기 때문이다. 왜냐하면 일체의 자금 차입이 필요없고, 그래서 피인수회사의 자산을 처분하여 갚을 필요도 없을 정도로 잉여자산을 충분히 갖고 있는 기업은 거의 찾아볼 수 없기 때문이다. 차입에 의한 인수·합병을 차단한다면 거의 대부분의 기업들이 생존전략이 궁색해질 것이고, 이는 결국 시민들의 부담으로 되돌아올 것이다.

4. 법정책의 지표

그러므로 차입매수(LBO)를 일반적으로 금지하고 배임범죄로 삼는 것은 옳지 않은 법정책이다. 물론 차입매수가 프로젝트금융투자회사처럼 세제혜택을 받게 하는 정도로 장려될 것이냐는 법정책적으

모해야 하는 것이다. 이런 기업활동은 시장이 살아 있기 위한 조건이 되기도 한다. 또한 간과해서는 안 되는 점은 인수·합병이 새로운 시장에 직접적으로 진입하는 것보다 비용이 적게 든다는 점이다. 스스로 상품을 개발하고, 시장을 개척하여 수익을 창출하는데 드는 시간과 비용보다는 기존의 재정위기에 처한 기업을 인수하여 구조조정함으로써 그 기업의 시장에 좀더 적은 비용으로 성공적으로 진입할 수 있다.

로 결정할 사항임을 잊어서는 안 된다.

(1) **사회경제적 차원과 차입매수** 이 법정책적 결정은 경제체제의 현실과 경영문화의 특성에 따라 변화될 수 있다. 차입매수를 긍정적으로 바라보는 법정책의 결정은 먼저 개인적 차원, 즉 차입매수의 비윤리성에 대한 해체와 재구성에서 시작할 수 있다. 차입매수자가 — 자신은 자본이 없고, 쓰러져 가는 회사의 자산을 담보로 — 그 회사의 경영정상화를 이루는데 필요한 자본을 조달하기 위해 프로젝트파이낸싱을 은행권으로부터 해낼 수 있는 정치적, 사회적 의사소통의 역량이 있는가, 또한 그런 역량이 기업인수의 정당한 자산이 되는가에 대한 가치평가가 문제이다.

사견으로는 ① 차입매수인의 그런 역량이 경영인으로서의 업적과 그 위에서 구축된 네트워크에서 형성된 것이라면 시장주의, 자본주의 체제에서 그런 역량은 위기에 처한 기업을 인수하는 정당한 자산이 될 수 있다. 하지만 ② 그런 역량이 정치권력을 배후에 두었기 때문에 형성된 것이라면 그런 정당성은 인정하기가 어려울 것이다. 여기서 법정책적 결정은 사회적 차원으로 접어든다. 이른바 정치권력을 배후로 경영을 수행하는 기업문화가 팽배한 사회일수록 차입매수는 사기성과 투기성이 강해지고, 그 반대일수록 전문성과 투자성이 강해질 것이다. 예컨대 후자의 경제체제와 기업문화가 지배할수록 차입매수의 오남용에 대한 일반예방의 필요성은 약화되고, 그 순기능이 두드러지게 되면, 그럴 경우 프로젝트금융투자회사처럼 세제혜택을 주는 법정책도 가능할 수 있을 것이다. 그러면 우리사회는 현재 어느 지점에 와있을까? 이 물음에 대한 대답은 나의 분석과 판단능력을 벗어나는 일이다.

(2) **형법대안적 법정책의 수단들** 그러나 적어도 이미 말할 수 있는 것은 차입매수는 더 이상 배임죄의 불법유형을 충족하지 않는 경영기법의 하나라는 것이다. 차입매수를 범죄화하는 형법해석이 오히려 법치국가의 전통에서 형법에 전승된 도덕적 구조를 흔들어 놓는 모럴헤저드에 빠질 것이다. 이로부터 형법대안적 법정책이 강구되어야 한다. 기업의 사기적 양도를 금지하고 처벌하는 법률을 새로 만들거나 상법 제625조(회사재산을 위태롭게 하는 죄)[59]를 사기적 양도에 국한하여 적용할 수 있다. 사기적 양도를 예방하는 수단으로 차입매수가 진행되는 전과정의 정보를 공개하게 하고, 차입매수로 인수한 주식의 조기처분을 제한하는 주식저당제를 도입[60]할 수도 있다. 아울러 차입매수의 요건으로 차입매수자가 최소한의 지분출자(예: 인수자금의 10%)를 할 의무를 부담하게 하거나 차입매수 시 이해관계 없는 이사들 가운데 2/3 이상의 동의를 반드시 요구하게 할 수도 있다. 더 나아가 현금흐름할인법에 의한 기업의 현재가치(PV)를 상당히 넘어서 차입을 하는 경우뿐만 아니라 조금 넘어서 차입을 하는 경우에도 민법상 채권자취소권(제406조 제1항)의 행사를 허용하는 법해석[61] 등도 형법대안적 법정책이 될 수 있다. 그런 형법대안적 법정책들을 여기서 조목조목 평가할 수는 없지만, 적어도 차입매수를 배임죄로 만들지 않고도 차입매수의 남용을 통제할 수 있는 장치들의 목록은 아직 꽤 길다고 할 수 있다.

59) 이에 관해 자세히는 이정민, *회사형법의 합리화와 형법정책의 방향* (고려대 박사학위, 2006) 참조.

60) 자세히는 설민수, "M&A의 한 방법으로서의 LBO에 대한 규제, 그 필요성과 방법, 그리고 문제점: 대법원의 2004도7027 판결에 대한 다른 시각: 미국 사해행위 취소와 한국 배임죄 규제의 비교", *사법논집* (제45집, 2008), 43~44쪽, 92쪽 참조.

61) 이에 관해 자세히는 지유미, *M&A에 대한 형법정책의 방향* (고려대 박사학위, 2009), 86~93쪽.

찾아보기

ㅌ

ㅍ

ㅎ

〔저자약력〕

서울 고등학교 졸업
고려대학교 법과대학 졸업(총장상 수상)
고려대학교 대학원 법학과 졸업(법학석사)
독일 프랑크푸르트 대학교 대학원 졸업(Dr.jur.)
현 고려대학교 법과전문대학원 정교수
고려대학교 기초법연구센터 소장

증권형법

2011년 1월 10일 초판 1쇄인쇄
2011년 1월 15일 초판 1쇄발행

저 자 이 상 돈
발행인 배 효 선
발행처 도서출판 法 文 社

413-756 경기도 파주시 교하읍 문발리 526-3
등 록 1957년 12월 12일/제2-76호(윤)
전 화 (031)955-6500~6 FAX (031)955-6525
E-mail (영업) bms@bobmunsa.co.kr
(편집) edit66@bobmunsa.co.kr
홈페이지 http://www.bobmunsa.co.kr

조 판 (주) 성 지 이 디 피

정가 22,000원 ISBN 978-89-18-08504-3